W0388866

Rosemarie Wild

Reihe: »Hunderassen«, Herausgeber Urs Ochsenbein

Labrador-Retriever

Müller Rüschlikon Verlags AG, Cham
Stuttgart Wien

Für Penny, Jessica, Toughy und Chip

Inhaltsverzeichnis

Herbst 1990

Der Gedanke für dieses Buch ist schon etliche Jahre alt – entstehen konnte es erst durch die Aufmunterung und die Impulse meines Mannes Peter und meines Freundes Urs Ochsenbein. Peter danke ich für seine konstruktive Kritik und für die veterinär-medizinische Beratung im Kapitel »Krankheiten«. Urs hat den Beitrag Erziehung, der nach seinem Grundmuster verfaßt wurde, mitgestaltet und entsprechend mit Bildmaterial bereichert. Anne Roslin-Williams wählte mit großer Umsicht die historischen Bilder aus und steuerte viele andere aus ihrer eigenen Sammlung bei. Rainer Baumgartner bearbeitete mit »Liebe zur Sache« das schwarz/weiß Bildmaterial, und Walter Winter zeichnete die Vererbungstafeln. Susan Scales und Richard Edwards haben mit vielen Informationen über Geschichte und Entwicklung der Rasse in Großbritannien, die sie mit der freundlichen Genehmigung des Labrador Retriever Clubs von England zur Verfügung stellten, viel zur Gestaltung des historischen Teils beigetragen. Ihnen, und den vielen hier Ungenannten, danke ich herzlich für das »Miteinander«.

Teil I

Labrador-Retriever, woher kommt dieser Name?

Labrador ist eine Halbinsel auf dem nordamerikanischen Kontinent und liegt zwischen Hudsonbay und der Labradorsee, südlich Grönlands. Ihr vorgelagert liegt die Insel Neufundland.

Retriever kommt vom englischen Tätigkeitswort »to retrieve«, was soviel heißt wie bringen, apportieren.

Der Labrador-Retriever, eine der sechs Retrieverrassen, ist eine noch relativ junge Rasse und gehört in die FCI-Gruppe VIII, »Apportier- Stöber- und Wasserhunde«. Er ist ein aktiver, kräftig gebauter, mittelgroßer, recht urtümlich wirkender Hund, den wir heute in den Farben schwarz, gelb und braun kennen. Dank seiner Vorliebe für Wasser, seinem ausgeprägten Bringtrieb, seiner enormen Suchfreude, unterstützt durch eine hervorragende Nase, seiner Geselligkeit und seinem unermüdlichen Willen, dem Menschen zu gefallen, erfreut sich dieser englische Jagdhund auch außerhalb der Jägerschaft, einer großen Beliebtheit.

Rowland Johns schreibt 1933 in seinem Büchlein *Unser Freund der Labrador – Das Geheimnis seiner Popularität:* »Popularität in Bezug auf Menschen besteht aus nichts Faßbaren. Diejenigen, die sie erreichen, gelangen normalerweise dahin, ohne sich beifallheischend in der Menge hervortun zu müssen. Sie werden unausweichlich populär, da sie etwas besitzen, ein kleines Extra, das andere nie haben werden.

Bei den Hunden ist es wie bei den Menschen – wenn wir die Gründe für den kometenhaften Anstieg zur Popularität beim Labrador suchen, finden wir die Antwort in seinem sprichwörtlichen Charme, seiner großen Liebenswürdigkeit jederzeit und immer, seiner immerwährenden Treue seinen Freunden gegenüber bis zum letzten Atemzug, seinem herausragenden Verstand und Gehorsam, seiner Einsatzfähigkeit in seinem besonderen Arbeitsgebiet, dem Bringen von Flugwild nach dem Schuß. Im Familienbereich ist er der perfekte Ausgleich in der Tagesroutine – ein liebenswürdiger, immer freundlicher Hausgenosse. Alle diese Qualitäten finden wir im gleichen Individuum, dem Labrador. Unter der Gattung Hund gibt es keinen Mutigeren als ihn. Er wird einen ganzen Jagdtag unermüdlich und ohne Klage unter extremen Bedingungen mitmachen, oder – sollte ein ungebe-

Mrs. Gwen Broadley, Sandylands zeigt die 3 Farben:
Schwarz = Sh. Ch. Sandylands Storm-Along,
Gelb = Sh. Ch. Sandylands Mercy,
Braun = Ch. Lawnwoods Hot Chocolate
»Hot Chocolate« wurde von Mrs. M. Satterthwaite gezüchtet (Dia: Anne Roslin-Williams)

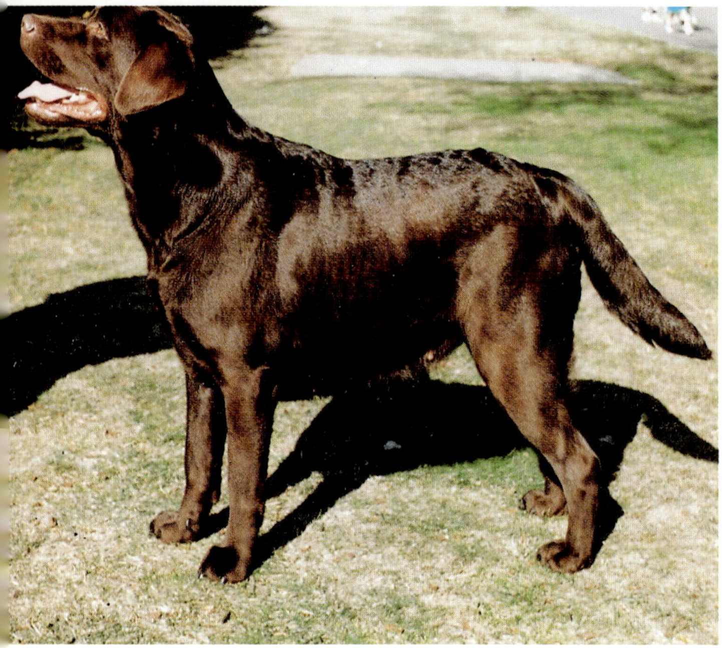

tener Eindringling in seinem Haus nach Souvenirs suchen, wird dieser anschließend bezeugen können, daß der Labrador auch hier seinen Mann stellt.
Ein harmonisch gebauter, unverdorbener Hund ist er – der Labrador, ein ansehnlicher, ein stattlicher Hund, ein erstklassiger Arbeiter und ein loyaler Freund.«

Der Labrador ist ein Wasser- und Apportierhund. Zum Tragen von Wild braucht er einen kräftigen Fang, einen starken, gut bemuskelten Hals, unterstützt durch eine kräftige, mit starken Knochen bestückte Vorhand mit gut gepolsterten, stoßauffangenden Pfoten. die kräftige Hinterhand mit den tiefgestellten Sprunggelenken dient zum Antrieb und zum Schub. Er ist dank seiner starken Vor- und Nachhand mit den kräftigen Pfoten und der als Ruder dienenden Otterrute, ein wendiger, schneller und ausdauernder Schwimmer.

Als *Familienhund* ist er dank seiner Kinderfreundlichkeit, Belastbarkeit, Toleranz und Anpassungsfähigkeit ein idealer Begleiter für Jung und Alt.

Als *Jagdhund*, wird er vor allem nach dem-Schuß zum Apportieren, oder zum Suchen von verletztem Wild eingesetzt.

Als *Drogenhund* ist er ein nicht mehr wegzudenkender Helfer von Zoll- und Polizeibehörden im Kampf gegen den Drogenhandel, und als *Sprengstoffhund* im Einsatz gegen Kriminalität.

Als *Blindenführhund* ist er dank seiner enormen Belastbarkeit, auf dem Weg weltweit die Nr. 1 zu werden.

Als *Rettungshund* hat er sich schon oft als Lawinen-, Katastrophen- und Flächensuchhund in Ernstfällen bewährt.

Als *Sanitäts- und Fährtenhund* bringt er ideale Voraussetzungen mit.

Als *Schutzhund* ist er nicht geeignet. Leider wird er dazu immer wieder von Leuten mißbraucht, die seine seit dem Ursprung der Rasse angezüchtete Anlage des »weichen Mauls«, das ihn befähigt, jede Art von Wild, ohne dieses zu verletzen, zu apportieren, ignorieren.

Agility, für diesen neuen Hundesport ist der Labrador wegen seinem breiten, kräftigen Körperbau nicht der ideale Partner.

Die Erscheinung des typischen Labradors

Der Labrador ist ein kraftvoller, breitgebauter Hund mit einem langen, kräftigen, in gut gelagerten Schultern liegenden Hals, gerader Oberlinie und der typischen Otterrute. Er hat

Labrador schwarz stehend: Toopines Hello-Hamilton (Photo: Milko van Rijn)

Labrador gelb stehend: Engl. und Americ. Ch. Receiver of Cranspire (Photo: M. Gad)

Labrador braun stehend: Chocolate Gemini of Bantaw (Photo: Anne Roslin-Williams)

Fabian von Wendelsee (Photo: F. Flügel)

eine tiefe Brust und einen faßförmigen Brustkorb, eine kräftige, kurze Lendenpartie, eine gut gewinkelte, aus kräftigen Knochen bestehende, von vorne und der Seite gesehen gerade gestellten Vorhand und eine starke, mäßig gewinkelte Hinterhand mit tiefstehendem Sprunggelenk.

Die Pfoten sind rund und geschlossen und haben gut entwickelte Ballen.

Der Kopf ist harmonisch, breit im Schädel, mit einem deutlichen Stopp.

Der Fang ist von mittlerer Länge und Breite, die Nase weit, mit gut ausgeformten Nasenlöchern. (Ein spitzer Fang ist nicht erwünscht).

Die Wangen sind fein gemeißelt und nie fleischig. Die Ohren sind eher klein (nie groß und schwer), recht hoch und hinten angesetzt. Sie sollen dicht am Kopf liegen.

Die Augen sind mittelgroß, haselnußfarben oder mittelbraun, Intelligenz, Gutmütigkeit und Freundlichkeit ausstrahlend. Der Ausdruck ist nie hart.

Ein komplettes Scherengebiß ist erwünscht, wobei die obere Zahnreihe über die Untere zu greifen hat.

Das Haarkleid ist wetterbeständig, stockhaarig, dicht und hart zum Anfühlen, mit dichter Unterwolle.

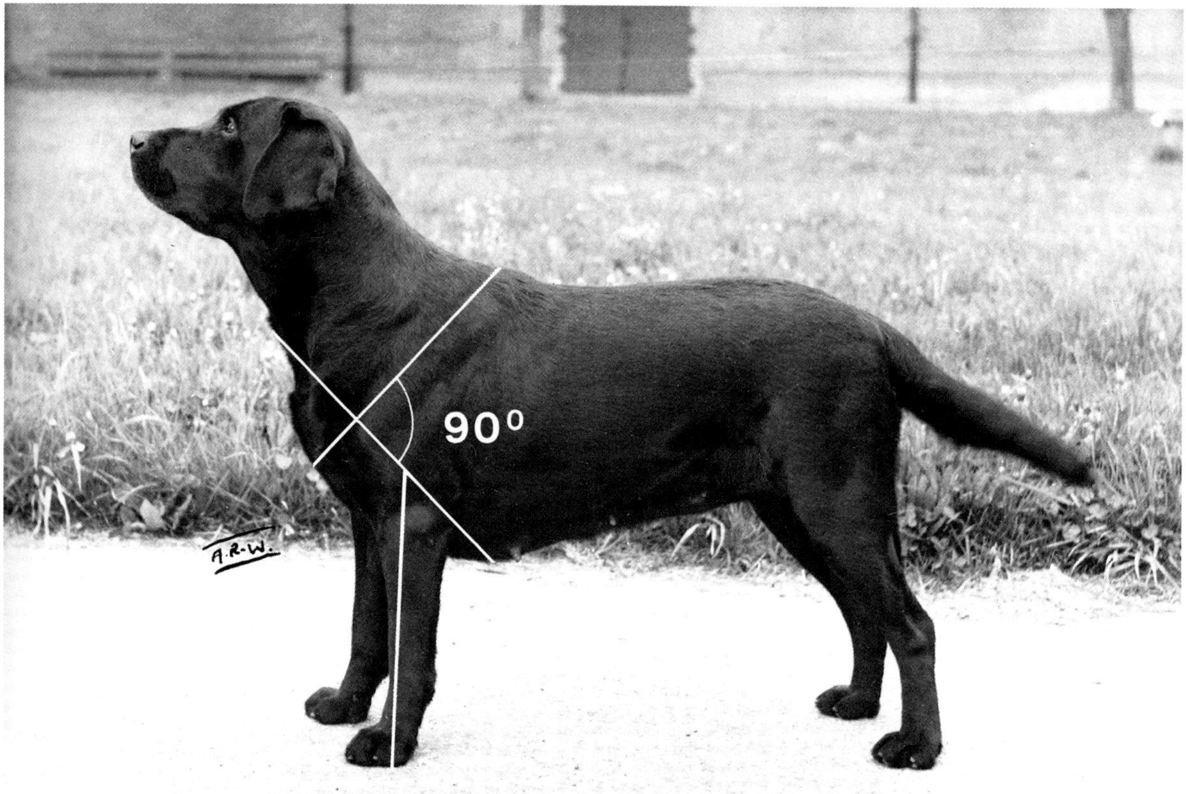

Der typische Labrador-Retriever mit korrekter Vorhand
die Schulter und der Oberarm bilden einen Winkel von 90°)

Der Labrador als Familienhund, ein treuer Begleiter vom
jüngsten bis zum ältesten Familienmitglied

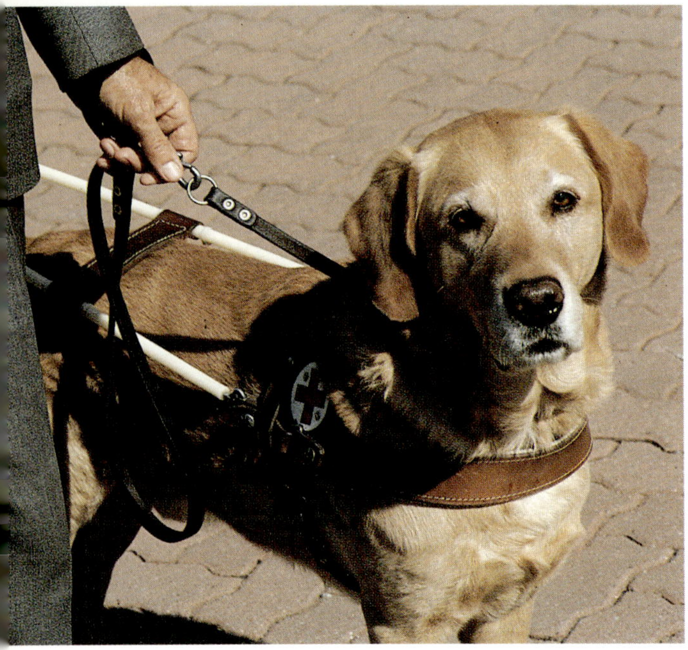

Der Jagdhund: Drake de la Longe Coca (Photo: Schaad)

Der Rettungshund: Toopines Timour Leng (Photo: B. Baroni)

Der Blindenführhund (Photo: U. Ochsenbein)

Teil II

Ursprung, Geschichte und Entwicklung

Anfangs des 19. Jahrhunderts bestand ein reger Handelsverkehr zwischen Neufundland, zu dem damals auch Labrador gehörte, und England. Es wurde vor allem Kabeljau aus den reichen Fanggründen Neufundlands nach Poole, einem englischen Fischerhafen in Dorset und nach Greenock im Süden Schottlands gebracht. Colonel Peter Hawker und viele andere befuhren zu der Zeit mit ihren Schonern regelmäßig diese Gewässer. Er berichtet 1814 in seinem Buch *»Instructions to Young Sportsmen in All That Relates to the Guns and Shooting«* über die Hunde, die er in Neufundland vorfand, wobei er sehr genau zwischen zwei Typen, dem großen »Newfoundland-Dog« und dem kleineren, dem »St. John's Dog« unterscheidet. »Der Erste ist sehr groß, mit einem kräftigen Körper und eher kleinem Kopf, langem, dichten, zottigen Fell und einer hochgetragenen Rute. Er wird in diesem Land

A St. John's Labrador.

zum Ziehen von holzbeladenen Schlitten aus dem Inneren der Insel zur Küste, sowie dank seiner enormen Kräfte als Helfer der Fischer beim Netze einholen, und zum Retten von Menschen und Auffischen von Wrackteilen bei Schiffkatastrophen eingesetzt. – Der andere, bei weitem der beste Begleiter für jede Art von Waidwerk, ist meistens von schwarzer Farbe und eine Spur größer als ein Pointer. Kopf und Fang sind etwas länger, die Brust ist sehr tief, die Läufe sind leichter, er weist kürzeres, weicheres, dichtes Haar auf und trägt seine Rute nicht so hoch. Dieser, der St. John's Dog, ist ein sehr aktiver, extrem schneller Schwimmer und Läufer, mit einem ausgeprägten Apportiertrieb und einer hervorragenden Nase. Um verwundetes Wild jedwelcher Spezies zu finden, gibt es nichts ebenbürtiges unter den Caniden«. Mary Roslin-Williams, die bekannte englische Labradorzüchterin beschreibt den St. John's Hund in ihrem Buch *The Dual-purpose Labrador:* »Mit ihrem kurzen, aber sehr dichten, wasserabstoßenden Fell waren sie prädestiniert, Fische, die aus den Netzen sprangen, aus der eiskalten, von arktischen Winden gepeitschten See zu fischen. Mit ihrem unermüdlichen Willen zu gefallen, waren sie die unentbehrlichen Helfer des Jägers«.
Heute nimmt man an, daß es sich bei diesen beiden beschriebenen Hunderassen um die Urahnen des heutigen Neufundländers und des Labradors handelt. Woher deren Vorfahren herkamen, gibt es verschiedene Thesen. Heute kommt man immer mehr von der Idee ab, daß nordische Hunde am Anfang standen, und es wird angenommen, daß die 1567 von Dr. Caius beschriebene »Engglishe Dogge«, und die 1621 von Gervase Markham erwähnte »Water Dogge« oder »Black Water Dog«, sowie der von Mary Roslin-Williams zitierte »Cane di Castro Laboreiro« viel früher mit europäischen Siedlern in diese kalte, arktische, nebelfeuchte, fisch- und wildreiche Gegend kamen.

Der Anfang der Reinzucht

Damals war die Hundezucht in Großbritannien fast ausschließlich in den Händen des Landadels, der für jede Art Wild besondere Hunderassen einzusetzen pflegte. Zum Stöbern wurden verschiedene Spanielarten, und zum Vorstehen Pointer oder Setter verwendet. Zudem waren die Jagdwaffen ausschließlich Vorderlader. Das Laden dieser Waffen beanspruchte jeweils einige Zeit, und die Intervalle der einzelnen Schüsse waren recht groß. Das Wild wurde nicht in dem Maße aufgescheucht wie später mit der Entwicklung des Repetiergewehrs, das den Charakter der Jagd entscheidend veränderte. Da diese Leute als Landbesitzer vom Einkommen ihrer Güter lebten, hatten sie Zeit und Muse für Jagd und Fischfang. Die Hundezucht war Mittel zum Zweck und diente nicht als Gelderwerb. Colonel Hawker erkannte die Vielseitigkeit und Bringfreude der St. John's Hunde, die der durch das Repetiergewehr veränderten Jagdweise in vielen Beziehungen entsprach, und brachte während mehreren Jahren immer wieder solche Hunde nach England. Mitte des letzten Jahrhunderts sah der Dritte Earl of Malmesbury in Poole auf den Schiffen, die aus Neufundland einliefen, die St. John's Hunde und war vor allem von ihrer Wasserfreudigkeit beeindruckt. Er und

Duke of Beuccleuch's Avon, 1885

sein Freund und Nachbar Major Radclyffe, kauften in Abständen mehrere dieser Hunde. Das Landgut des Earl, »Hurn Estate« liegt am Fluß Stour, der jeden Frühling regelmäßig Teile davon überschwemmte. »Hurn« war dieser Besonderheit wegen ein entenreicher Jagdgrund. Unter den ersten Züchtern sind auch die Namen von The Fifth Duke of Buccleugh (1806–1884), seinem Bruder Lord John Scott (1809–1860) und The Tenth Earl of Home (1769–1849) zu finden, mit so berühmten Hunden wie »Moss, Drake. Brandy, Avon und Nell«. Diese frühen Hunde wurden so rein wie möglich gezüchtet und mit weiteren Importen aus Neufundland zusammen geführt. Von diesen Züchtern stammen die ersten Zuchtbände. Diese Privatzwinger, im Grenzgebiet von Schottland und England und weit im Süden, in Dorset, waren für damalige Zeiten durch enorme Distanzen recht isoliert, was sicher dazu beitrug, daß in relativ kurzer Zeit ein einheitlicher Typ entstand. Ein weiterer Umstand, der diesen Prozeß beschleunigte, war die Einführung des noch heute im Vereinigten Königreich geltenden Quarantänegesetzes um 1885, und die schwindende Bedeutung des Fischhandels, womit der Import der Hunde aus Neufundland fast völlig versiegte.

Ben of Hyde (apportiert eine Forelle)

Der Dritte Earl of Malmesbury schreibt in einem Brief an den Sechsten Duke of Buccleugh: »Wir nennen die Meinen immer Labradorhunde, und ich habe sie so rein wie möglich gezüchtet, seit meinem ersten, den ich von Poole hatte, ... Die Rasse mag wegen des dichten Felles, welches das Wasser abstößt wie Öl, bekannt werden, sicher aber vor allem wegen der Rute, die wie die eines Otters aussieht«.

Zu den Pionieren der Labradorzucht gehören auch die Namen der Lords Grimston, Saltourn, Ruthvern und Wimbourne; Captain Radclyffe of Wareham; Sir Frederick Graham und des Honorary Holland Hibbert, später Lord Knutsford, mit seinem legendären »Munden Kennel«. Lord Knutsford setzte sich unermüdlich für die neue Rasse ein. Er war neben dem Flatcoated-Retrieverzüchter und erstem Sekretär des Kennel-Clubs, S. E. Shirley, die treibende Kraft, daß der Labrador-Retriever als eigene Rasse im Englischen Kennel Club registriert wurde. Kurze Zeit später wurde die Rasse an der Cruft's Dogshow zugelassen. Der erste Ausstellungs-Champion der Rasse wurde sein »Broome Park Boy«. Seine Hündin, »Munden Single« gewann 1904 als erster Labrador bei einem Field Trial der Internatio-

Ch. Ingleston Ben (Photo: Thomas Fall, 1936)

nal Gundog League das Certificate of Merit. Lord Knutsford erkannte als Züchter den Wert der guten Zuchthündin; der große Erfolg der »Munden« geht nicht zuletzt auf die Hündinnen »Single, Sarah, Scottie und Saba« und viele andere Gleichwertige zurück.

1899 wird der erste gelbe Labrador »Ben of Hyde« aus zwei schwarzen Eltern geboren. Er wird als Urahn des gelben Labradors bezeichnet. Mittlerweile ist bekannt, daß die gelbe Haarfarbe rezessiv vererbt wird, was darauf hinweist, daß es schon früher gelbe Welpen gegeben haben muß. Weil aber die ersten St. John's Hunde schwarz waren, wurden die gelben Nachkommen nicht zur Zucht verwendet. Genau das Gleiche geschah mit den Braunen, auch sie wurden erst viel später reingezüchtet.

Im ersten Jahrzehnt des 20. Jahrhunderts nahmen Field Trials einen enormen Aufschwung und der Labrador wurde immer populärer. »Peter of Faskally« hieß der aufsteigende Star dieses Dezeniums. Aus »Munden«-Linien gezogen, prägte er die Rasse mit seinen berühmten Nachkommen F.T.Ch »Peter of Whitmore« und F.T.Ch. »Scandal of Glynn«, Vater des wohl bekanntesten Hundes dieser Zeit, Dual Ch. »Bancory Bolo«, geb. 1915, in Besitz von Lorna, Countess Howe. Lady Howe war eine weitere große Labrador-Persönlichkeit, und hatte unter ihrem Zwingernamen *»Banchory«* viele bekannte Hunde hervorgebracht, wie Dual Ch »Peter the Painter« und Dual Ch. »Bramshaw Bob«, Ch »Ilderton Ben«, Ch »Ingleston Ben« und Ch »Britisch Justice«.

»Ingleston Ben« steht hinter allen rasseprägenden Schwarzen und vielen Gelben. Mr. Mackay Sanderson sagte von ihm: »Ben's ruhmhafter Aufstieg war meteorhaft, im Wettbewerb überlegen, schwebte er während des ganzen Tages in einer höheren Sphäre«. Er ist der Vater von einem Dual Champion, acht Champions, zwei Field Trial Champions und anderen Top-Siegern. Lady Howe förderte die Field Trial-Arbeit und hatte über 30 Jahre einen einheitlichen Typ verfolgt, der in der heutigen Zucht immer noch maßgebend ist. Sie und Lord Knutsford gründeten 1916 den *Labrador-Retriever Club.*

Die folgenden Jahre bis zum 2. Weltkrieg sind als die »Goldenen Jahre« in die Labradorgeschichte eingegangen. Die Rasse erfreute sich einer unerhörten Beliebtheit als Jagd- und Ausstellungshund. Field Trials waren sehr populär.

Mit dem Ausbruch des 2. Weltkrieges und den entbehrungsreichen Nachkriegsjahren verschwanden leider viele Zwinger, und viel wertvolles, unersetzbares Zuchtmaterial ging für immer verloren. In dieser Zeit entstand eine neue Generation Züchter, der sogenannte »Ein Hund Besitzer« und »Stadtbewohner«, die wenig oder keine Beziehung zum »Dualpurpose« hatten, ideale Voraussetzungen für große Zuchtsünden waren gegeben. Den wenigen Züchtern, die in diesen schwierigen Zeiten mit großen Anstrengungen und viel »Goodwill« durchhielten, ist es zu verdanken, daß der Labrador in seiner ursprünglichen Form erhalten blieb und sich bis zum heutigen Tag einer enormen Popularität erfreut.

Dual Ch. Knaith Banjo (Photo: Thomas Fall, 1972)

Die wichtigsten britischen Linien und ihre Züchter:

Knaith von Mrs. Veronica Wormald, der Pionierin des gelben Labradors. Noch im hohen Alter von über 90 Jahren hat sie einen von ihr gezogenen Hund an der »Cruft's« ausgestellt. Ihre Linie geht auf »Hyde Ben« durch ihre erste Hündin »Mannie«, geb. 1910, und deren Nachkommen »Knaith Boboy« und Ch. »Knaith Banjo«, geb. 1946 zurück. Durch die Bemühungen von Mrs. Wormald und einigen anderen Gleichgesinnten wurde der gelbe Labrador überaus populär und überflügelte in den späteren 20er Jahren den Schwarzen an Beliebtheit.

Der *»Yellow Labrador Club«* wurde 1925 gegründet.

Braeroy von Mrs. MacPherson entstand 1924 hoch oben im schottischen Norden und war ebenfalls eine starke gelbe Linie, auch nach »Hyde Ben« gezogen – mit berühmten Hunden wie die F.T.Ch's »Braeroy Roy, Bra-

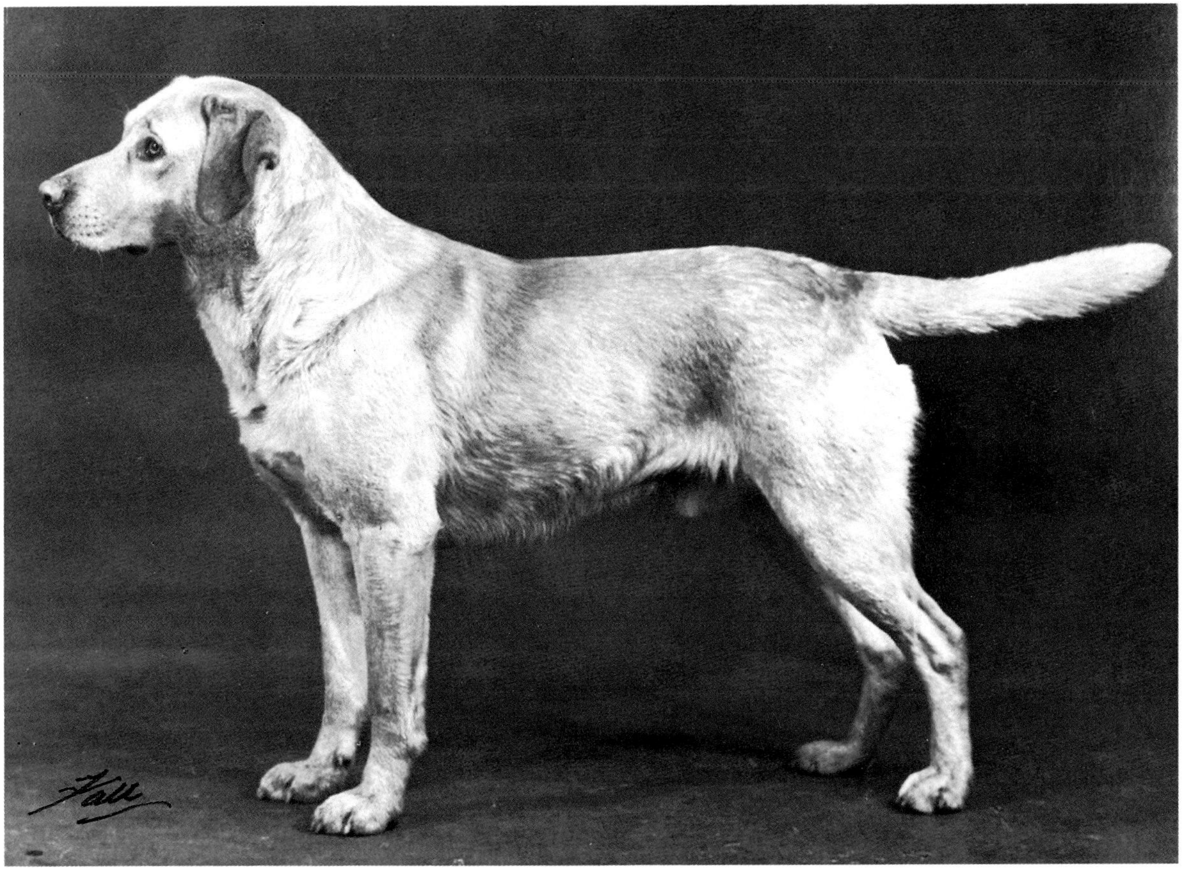

eroy Ruddy, geb. 1932, Braeroy Swift« und der Labrador von König George VI, F.T.Ch. »Braeroy Fudge«.

Zelstone entstand in den 30er Jahren. Mrs. Audrey Radclyffe, Schwiegertochter von Major Radclyffe hat das Erbe von »Hyde Ben« gut verwaltet und mit Hilfe von »Knaith«- und »Braeroy«-Blut eine gelbe Linie mit herausragendem Arbeitsanlagen gezogen, die aber auch von der Schönheit her, den höchsten Ansprüchen Stand hielt. Die F.T.Ch's »Zelstone Darter und Moss« und Ch »Zelstone Leapyear Lass«, geb. 1952, und ihre Züchterin haben »Labradorgeschichte« gemacht. Mrs. Radclyffe hat 1984 an der IHA Bern die Labradors gerichtet; sie lebt heute zurückgezogen in Dorset.

Auch *»Badgery«* von Miss Buller, *»Landyke«* von Mr. John Hart, *»Tibshelf«* von Mr. J.G. Severn und *»Whatstandwell«* von Mr. und Mrs. Taylor haben die Zucht des gelben Labradors gefördert, und man findet diese Namen in den hinteren Generationen der heutigen Hunde.

Holton, 1920 von Mr. Gilliat gegründet, züchtete immer schwarze Hunde von klassischem Typ mit erstklassigen Arbeitslagen. Ch. »Holton Baron« geb. 1951, hat neben 25 C.C.'s viele Certificates of Merit an Field Trials erreicht.

Liddly von Mr. und Mrs. James Saunders entstand 1922 und hat viele »Dual-purpose« hervor gebracht; »Liddly-Hunde« stehen hinter erfolgreichen amerikanischen und schwedischen Linien.

Ballyduff, 1929 von Dr. Acheson und Mrs. Acheson, der späteren Mrs. Docking gegründet, hat bis zu ihrem Tode 1981 sehr erfolgreich einen kraftvollen schwarzen und gelben, aber vornehmlich doch schwarzen Typ mit besten Arbeitsanlagen gezüchtet. Heute sind Nachkommen der »Ballyduff's« wie die Ch.'s »Seaman, Marina, Coxswain, Marketeer, Spark und Squire« in den Linien der modernen Züchter sehr gefragt. Die »Ballyduff-Tradition« wird heute von Mrs. Dockings Tochter, Mrs. Cuthbert, aber vor allem von *Follytower* von Mrs. M. Wolley und *Kupros*, von Mr. Peter Hart, erfolgreich weiter geführt. Ch. »Follytower Merrybrook Black Stormer«, geb. 1969 hat die Rasse in den 70er Jahren positiv beeinflußt. Er vererbte als schwarzer Hund alle drei Farben. Ch. »Kupros Master Mariner« geb. 1983 hat in den letzten Jahren als bester Vererber von sich Reden gemacht.

Hiwood von Lady Hill-Wood, entstand 1925 und hat über viele Jahre immer wieder gelbe und schwarze Top-Hunde hervor gebracht, Namen wie F.T.Ch's »Hiwood Chance, Gipsy und Peggy« sind würdige Vertreter des dual-purpose Labrador. Lady Hill-Wood war viele Jahre Präsidentin des Labrador Retriever Clubs.

Sandylands von Mrs. Gwen Broadley wurde um 1930 gegründet. Ihre Zuchtbasis stammt direkt von Linien der ersten Stunde ab, stehen doch hinter »Juno of Sandyland« Ch. »Ilderton Ben« in der 3. Generation, und F.T.Ch. »Peter of Faskally« in der 4. Generation mütterlicherseits, sowie Dual Ch. »Dual Ch. »Banchory Bolo« in der 4. Generation väterlicherseits. Mrs. Broadley hat in über 60 Jahren allein in England mehr als 70 Champions gezüchtet; durch die vielen Sandylands-Exporte sind es weltweit viel mehr. Die meisten davon haben sich auch im Arbeitssektor

Sh. Ch. Follytower Merrybrook Black Stormer, geb. 1969 (Photo: Anne Roslin-Williams)

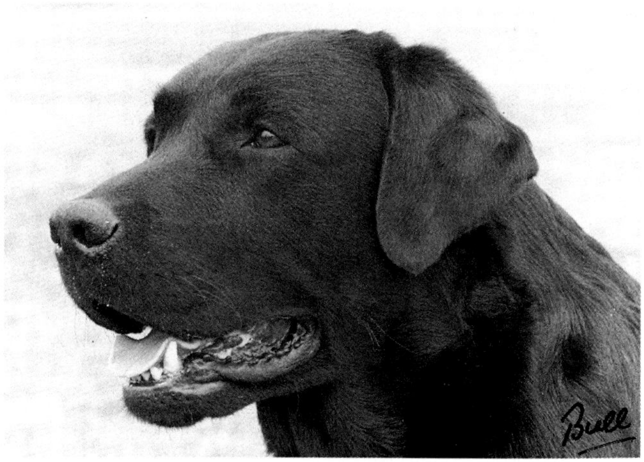

Ch. Kupros Master Mariner, geb. 1983 (Photo: David Bull)

Der Typ hat sich in all' den Jahren nicht verändert: Ch. British Justice, geb. 1948 (Photo: Thomas Fall)
Ch. Sandylands Tweed of Blaircourt, geb. 1958 (Photo: Thomas Fall)

Ch. Sandylands Truth, geb. 1960 (Photo: Anne Roslin-Williams)
Toopines Leonardo, geb. 1981 (Photo: Anne Roslin-Williams)

qualifiziert. Erst in den letzten Jahren, bedingt durch ihr hohes Alter, war es ihr nicht mehr möglich, diese Sparte zu pflegen. »Sandylands« haben weltweit Labradorgeschichte geschrieben, und es gibt heute selten eine Ahnentafel, wo nicht ein, oder mehrere »Sandylands« darin vorkommen. Vergleicht man das Bild von »June of Sandyland«, geb. 1936 mit den heutigen »Sandylands«, würde man nie denken, daß mehr als 50 Jahre dazwischen liegen. Die Ch.'s »Sandylands Tandy«, gelb, geb. 1961, und »Sandylands Mark«, schwarz, geb. 1965, können als die wohl wichtigsten Eckpfeiler der Rasse angesehen werden. Weitere berühmte Namen sind die Ch.'s »Sandyland My Lad und Blaze«, die Sh. Ch.'s »Sandylands My Rainbeau, Storm Along, Sovereign of Suddie, Clarence of Rossbank« und die Hündinnen Ch.'s »Sandylands Juno, June, Blackberry und Truth«, die Sh. Ch.'s »Sandylands Midnight Magic, Mercy, Buzy Liz, Dancer, Rosy, Rhum Baba, Bella und Bramble«.

Mrs. Broadley, die »Grand old Lady«, hat in all den Jahren als Züchterin und als Richterin die Labradorzucht weltweit in positivem Sinne beeinflußt – und hat dem Erbe der ersten Züchter alle Ehre erwiesen.

Ch. Sandylands Tandy, geb. 1961 (Photo: Thomas Fall)

Ch. Sandylands Mark, geb. 1965 (Photo: Thomas Fall)

Mansergh, von der bekannten Züchterin und Autorin mehrerer wertvoller Bücher über die Rasse, Mrs. Mary Roslin-Williams, entstand während des 2. Weltkrieges. Die Ahnentafel der »Mansergh's« sind ein Musterbeispiel jahrelanger, erfolgreicher Linienzucht. Aus Ch. »Mansergh Midnight«, geb. 1954, geht eine 7-Generationen deckende, ununterbrochene Reihe von Champions hervor: »Mansergh Midnight, Bumblikite, Damson, Antonia, Ooh-La-La, Ships-Belle und Mayday«. Die »Mansergh's« sind immer schwarz und haben sich alle auch im Feld qualifiziert – der »Dual-purpose Labrador« lebt weiter.

Blaircourt von Mr. und Mrs. Grant Cairns in Glasgow hat ebenfalls »Labradorgeschichte« gemacht. Bedingt durch die geographische Lage sind die »Blaircourt's« aus schottischen und nordenglischen Linien wie »Glengour«, »Craigluscar«, »Liddly« und »Holton« ent-

Mrs. Mary Roslin-Williams mit Ch. Damson of Mansergh, Ch. Mansergh Moleskin, Ch. Groucho of Mansergh, Ch. Mansergh Antonia v. l. n. r. (Photo: Anne Roslin-Williams)

standen. Int. Ch. »Sam of Blaircourt« ist der Vater von »Sandylands Shadow«, einer Zuchthündin, die durch ihre Nachkommen am Anfang neuer Zuchtlinien steht und als einer der Eckpfeiler der Rasse angesehen wird. Ch. »Ruler of Blaircourt« war damals als der »Top-winning Labrador« bekannt. Sein Name ist heute aus einem anderen Grund geläufig, er steht auf allen Stammbäumen hinter seinem berühmten Sohn, einem der besten Vererber aller Zeiten, Ch. »Sandylands Tweed of Blaircourt«, geb. 1958, der in den 60er Jahren viele Linien zu ihrem Vorteil verbesserte.

Staindrop wurde in den 30er Jahren von Mr. E. Winter gegründet und wird heute von seiner Tochter, Mrs. J. Hayes-Winter weitergeführt. Dual-Champion »Staindrop Saighdair«, geb. 1944, war der erste gelbe Dual-Champion.

Poppleton von Mr. Herbert Outhwaite war ein besonderer gelber Typ, von starkem Kon-

Dual Ch. Staindrop Saighdear, geb. 1944 (Photo: Thomas Fall)

trast zu den geläufigen Gelben. Die »Poppleton's hatten flachere, breitere Schädel und mandelförmige Augen. Sie waren recht groß und wirkten irgendwie kantiger. Sie hatten gute Schultern, ein dichteres Fell und eine ausgeprägte Otterrute. Durch sie stammen der *»East Anglian Yellow«* ab, der nichts Gemeinsames mit den anderen gelben Linien hat, und erst zur Zeit von »Tweed of Blaircourt« mit ihnen zusammen traf. Ch. »Diant Swandyke Cream Cracker«, geb. 1950, der bekannteste »Poppleton«-Nachfahre, und seine Schwester, »Landyke Poppy« stehen hinter den »East Anglian Yellow's«; aus ihnen stammen viele der zum Teil noch heute aktiven Zwinger ab, wie:

Braeduke von Mrs. A. Wynyard, *Diant* von Mrs. L. Wilson-Jones, *Nokeener* von Mrs. R. Williams, *Kinley* von Mr. F. Wrigley, *Timspring* von der kürzlich auf tragische Weise ums Leben gekommenen Mrs. J. Macan, *Manymills* von Mrs. Susan Scales, der bekannten Field Trial und Schönheitsrichterin, *Poolstead* von Mrs. A. Hepworth, *Ardmargha* von Mr. und *Mrs. H.W. Clayton, Heatheredge* von Miss Ward, *Cookridge* von Mrs. Pauling, bekannt für braune Labradors, *Cornlands* von Mrs. Peggy Rae, *Heatherbourne* von Mrs. H. Wiles, *Roseacre* von Miss N. Hudson, *Garshangan* von Lt.-Col. und Mrs. Hill, *Lawnwood* von Mrs. M. Satherthwaite.

Viele diese Züchter haben auch schwarze Linien mit dem »East Anglia Typ«, zusammen geführt, deren Nachkommen stehen wiederum am Anfang neuer Zuchtlinien, wie: *Balrion, Blondella, Bradking, Cambremer, Carpenny, Charway, Cranspire, Crosscroyde, Fabrakken, Foxrush, Lasgarn, Mardas, Newinn, No-*

Ch. Charway Ballywillwill, geb. 1978 (Photo: D. Dalton)

Ch. Fabracken Comedy Star (Photo: Anne Roslin-Williams)

vacroft, Rocheby, Trenow, Trewinnard, Warringah, Wetherlam, um nur einige zu nennen. Timspring, Manymills und Charway haben erfolgreich und konsequent den Dualpurpose Labrador weiter gezüchtet, »Manymills Mylady« hat 1989 ihren Field Trial Champion Titel, und »Abbystead Heronscourt« seinen Champion Titel gemacht; beide Hunde haben die W.T.Ch. Hündin »Manymills Tanne« in ihren Ahnenreihen, nebst reinen Field Trial Hunden wie der legendäre F.T.Ch. »Holdgate Willie«. Ch. »Charway Bally Will Will« ist ein typischer »Dual-purpose« und hat seine guten Anlagen an seine Nachkommen weitergegeben.

Cranspire, wurde durch den englischen und amerikanischen Ch. »Receiver of Cranspire« weltweit bekannt.

Dieser Rüde hat die Zucht in England, Amerika und nun auch in Westeuropa stark beeinflußt und viele gelbe Linien wurden von seinem Typ geprägt Brackenbank, Holdgate, Swinbrook, Abbotsleigh, Drakeshead sind bekannte Namen im Arbeitssektor und stehen hinter vielen Field Trial Gewinnern.

3 typische Schwarze von heute:
Charway Simona, Roseacre Hollyberry of Charway, Ch. Charway Little Sian. (Photo: J. Pritchard)

A.R.W.

A.R.W.

3 typische Gelbe von heute:
Poolstead Purse Strings, geb. 1978 (Photo: Anne Roslin-Williams)
Sh. Ch. Croftspa Hazelnut of Foxrush, geb. 1983 (Photo: Anne Roslin-Williams)

Ch. Trenow Brigadier, geb. 1986 (Photo: D. Bull)

Der Labrador in der Schweiz

1951 wurde der erste Labrador »Mumbery Laquer«, Rüde schwarz, geb. 1949 in GB, aus Sandylands- und Liddly-Linien gezogen, in das Schweizerische Hundestammbuch eingetragen.
1950 fiel der erste Wurf in der Schweiz, »Alta Villa« aus »Mumbery Lacquer«.

In der Zeit von 1950–1960 wurden 7 Hunde aus Großbritannien und 3 aus Frankreich importiert. Es fielen 4 Würfe.
Von 1960 bis 1970 wurden 32 Importe vornehmlich aus Großbrittanien und 19 Würfe im Stammbuch eingetragen.

Von 1970 bis 1980 nimmt die Beliebtheit der Rasse zu, und der Labrador wird im Hundealltag langsam ein Begriff. Der rasante Anstieg der Würfe in den 70er Jahren verdeutlicht, daß der Labrador immer populärer wird: wurden von 1960 bis 1969 18 Würfe eingetragen, waren es 1979 bereits 32, und 1987 schon 95 Würfe. In diesem Jahrzehnt, hauptsächlich ab 1977, werden viele Zuchttiere aus besten englischen Linien, in Großbritannien, Schweden und Dänemark gezogen, importiert. Dies ermöglichte es einigen Züchtern, eine gezielte Linienzucht aufzubauen und damit die Labradorzucht in der Schweiz in den 80er Jahren nachhaltig zu prägen, weisen doch die Nachkommen dieser Importe zum Teil in der 3. und 4. Generation immer noch die Qualität ihrer Urahnen auf. Mit der enormen Beliebtheit der Rasse entstand ein regelrechter Boom, der bis zum heutigen Tag nicht nachgelassen hat. Das ersieht man auch deutlich an den Meldezahlen an Ausstellungen: in den 70er Jahren wurden pro Ausstellung 5 bis höchstens 20 Hunde gemeldet, an der Clubshow des RCS 1990 waren es schon über 130 Hunde.

Ch. Katie of Crooked House, geb. 1985 (Photo: J. Penel)

Oben links:
Toopines Moonflower (Photo: P. Wild)

Unten links:
Toopines Moonblossom (Photo: Penel)

Oben rechts:
Ch. Toopines Penny (Photo: Milko van Rijn)

Unten rechts:
Mistic Angel's Eyes of Crooked House (Photo: J. Penel)

SCHUTZ
HEN FÜR EUROPA
ARAG
PANALPINA
5 continents—1 transitaire
PANALPINA
5 Kontinente—1 Spediteur

Toopines Kaari, geb. 1983 (Photo: Anne Roslin-Williams)

Kerry of Crooked House, geb. 1985 (Photo: Anne Roslin-Williams)

Laiko v. d. Altburg, geb. 1984 (Photo: Anne Roslin-Williams)

Toopines Unico (Photo: Milko van Rijn)

Oben: Glenmore Dameschool (Photo: A. Vittone)   Unten: Ch. Jet-Shadow de la Longe Coca, geb. 1984 (Photo: Schaad)

Oben: Glenmore Godiva geb. 1983 (Photo: A. Vittone) Unten: Radscha von Hochgruet, geb. 1987 (Photo: B. Wolfensberger)

Die Farbvererbung beim Labrador

Schwarz ist dominant zu braun und gelb.
Braun ist dominant zu gelb aber rezessiv zu schwarz.
Gelb ist rezessiv zu schwarz und zu braun.
Reinerbige (homozygot), schwarze Eltern tragen nur schwarze Gene, sind genetisch dominant, ihre Nachkommen sind schwarz. Mischerbig (heterozygot), schwarze Eltern tragen verschiedene Gene, schwarz oder gelb, sind genetisch dominant-rezessiv, ihre Nachkommen können schwarz oder gelb sein.
Gelbe Eltern haben kein schwarzes Gen, Ihre Kinder sind immer gelb.
Die braune Farbe vererbt sich nach dem gleichen Prinzip, nur muß bei der Berechnung der Farbe der Nachkommen auf alle drei Farben Rücksicht genommen werden. Gelbe können das braune Gen tragen.

Bei der Zucht des braunen Labradors ist zu beachten, daß gelbe Nachkommen das leberfarbene Pigment haben können, das aber nicht zu verwechseln ist mit der Wechselnase bei Gelben, die von schwarzen oder gelben Eltern abstammen, welche kein braunes Gen tragen.

reinerbig × reinerbig = 4/4 reinerbig

reinerbig × mischerbig = 2/4 reinerbig, 2/4 mischerbig

mischerbig × mischerbig = 1/4 reinerbig, 1/4 gelb, 2/4 mischerbig

reinerbig × gelb = 4/4 mischerbig

mischerbig × gelb = 2/4 mischerbig, 2/4 gelb

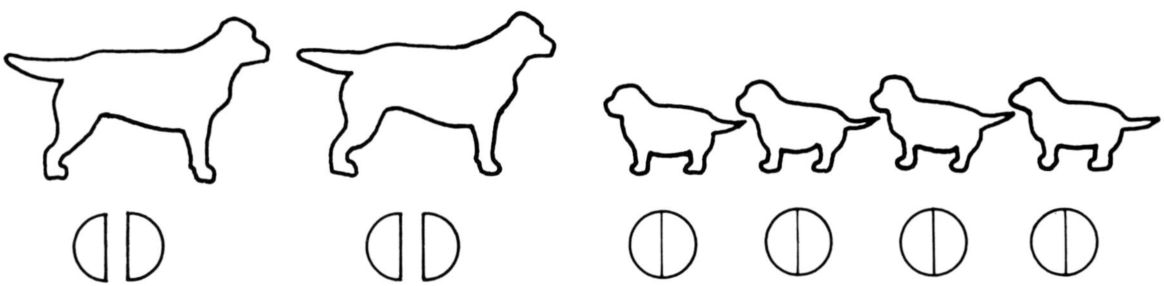

gelb × gelb = 4/4 gelb

Teil III

Wissenswertes vor dem Kauf

Physiologie und Verhalten des Hundes

Der Hund eignet sich wie kein anderes Lebewesen zum Begleiter des Menschen. Durch die rasante Entwicklung einer nur den menschlichen Bedürfnissen angepaßten hochtechnisierten Umwelt hat der Hund jedoch seinen natürlichen Lebensraum fast vollständig verloren. Nun liegt es am Menschen, seinem Begleiter dennoch ein seiner Art entsprechendes Umfeld zu schaffen. Dazu muß er einiges über die Bedürfnisse des Hundes und über sein Verhalten wissen.

Der Hund ist kein Kind, das nicht sprechen kann, sondern ein von der Natur völlig anders ausgestattes Wesen als der Mensch. Er ist ein Meutetier, das Geselligkeit liebt und, sich selbst überlassen, mit der Zeit verkümmert. Sein ihm angeborenes Sozialverhalten ermöglicht es dem Hund, in einer Besitzerfamilie eine Ersatzmeute zu finden, in der er seine Rangstufe innerhalb dieses »Rudels« suchen wird. Damit ist dem Besitzer die Möglichkeit gegeben, ihn in den Familienbereich einzufügen, vorausgesetzt, daß er ihn artgerecht erzieht. Der Hund gehört in die Kategorie der höher entwickelten Säugetiere. Er besitzt ein vorzügliches Lernvermögen und ein gutes Gedächtnis. Dies befähigt ihn, aus angenehmen und unangenehmen Erlebnissen Erfahrungen zu sammeln und sich dann auch entsprechend zu verhalten. Er vermag jedoch nicht in menschlichen Begriffen zu denken und hat von menschlicher Moral keine Ahnung. Er befindet sich jenseits von »Gut und Böse«.

Das Hirn des Hundes ist bedeutend einfacher ausgebildet als das des Menschen. Aber er verfügt über genügend Fähigkeiten, um mit dem Menschen in Kontakt zu treten. Um ein gutes Team Mensch/Hund zu bilden, müssen beide Partner lernen. Für den Menschen geht es darum zu erkennen, wie er sich verhalten muß, damit der Hund eine Chance hat zu merken, was er von ihm will. Der Hund seinerseits muß sich an die Äußerungen des Menschen (Hör- und Sichtzeichen) gewöhnen und lernen, diese mit den ihnen zugeordneten Handlungen in Verbindung zu bringen.

Wie erfährt der Hund seine Umwelt?

Zur Wahrnehmung seiner Umgebung benutzt

der Hund seine Sinnesorgane: Nase, Ohren, Augen, Tast- und Geschmacksinn – diese sind für ihn die Pforten zur Umwelt.

Nase: in erster Linie verläßt sich der Hund auf seine Nase, denn die Geruchsbilder bilden den wichtigsten Teil seiner Umwelt. Sein Riechfeld ist viel größer als dasjenige des Menschen: Hund 120 bis 17 cm^2, Mensch 5 bis 7 cm^2.

Ohr: das hundliche Gehör ist dem menschlichen überlegen. Es nimmt Töne und Geräusche wahr, die der Mensch nicht mehr hört.

Auge: der Hund ist ein Bewegungsseher, der auch auf erhebliche Distanz (ca. 500–700 m) etwas erblicken und auf Grund der Bewegungsweise erkennen kann. Ein still stehendes Objekt kann der Hund wohl über große Distanzen sehen, hat aber nicht, wie der Mensch, die Fähigkeit, dieses zu erkennen.

Tastsinn: sein Tastsinn ist hochentwickelt und ist über die ganze Körperoberfläche verteilt. Besonders empfindlich sind der Nasenspiegel, die Lippen, die Pfoten, die Augenbrauen, die Schnauz- und Barthaare.

Raumempfinden: er hat ein blitzschnelles Reaktionsvermögen und bewegt sich in einer Welt voller Hindernisse sicher.

Geschmacksinn: Aasverwerten hat der Hund von seinen Ahnen übernommen. Sein »guter Geschmack« ist für ihn lebenswichtig, die Grenzen des »Erträglichen« sind anders als beim Menschen.

Überlegungen vor dem Kauf eines Hundes

Vor dem Hundekauf sollte man sich einige wichtige Fragen stellen und ein paar grundsätzliche Überlegungen machen.

Was ist ein Hund?

Reichen meine allgemeinen Kenntnisse aus, weiß ich über die Bedürfnisse eines Hundes genügend Bescheid?

Der Zeitfaktor

Bin ich bereit, während den nächsten 10 bis 15 Jahre tagtäglich, immer – bei jedem Wetter – viel persönliche Freiheit für ein Tier zu opfern? Erlauben mir meine Hobbys, auch am Wochenende meinem Hund genügend Zeit zu widmen? Wie gestalte ich in Zukunft meine Ferien? Nicht alle Strände sind während der Hauptsaison für Hunde offen – Skipisten sind tabu. Bin ich grundsätzlich bereit, andere Ferien zu planen, wo der Hund integriert ist, oder habe ich eine Bezugsperson, die ihn während meinen Ferien betreut?

Die Familienintegration

Wie stellen sich die übrigen Familienmitglieder zu einem Hund? Hier sollten schon alle positiv eingestellt sein, denn der Hund hat ein Anrecht auf Zuwendung und Geborgenheit. Als Meutetier spürt er als erster Spannungen – damit sind Schwierigkeiten programmiert. Es sollte auch abgeklärt werden, ob allenfalls jemand in der Familie allergisch, z.B. gegen Hundehaare, reagiert.

Wohnsituation

Ist meine Wohnsituation überhaupt für Hundehaltung geeignet? Ist ein Versäuberungsplatz in vernünftiger Distanz erreichbar? Auch Hunde müssen manchmal ganz schnell... Da ist eine verbetonierte Welt sicher nicht die richtige Umgebung.

Als Mieter muß abgeklärt werden, ob Haustiere gestattet sind.

Die Nachbarn

Nicht alle Menschen sind Hundefans. Es empfiehlt sich, hier gut zu sondieren und vor dem Kauf einen Konsens zu finden, der auf die Dauer alle befriedigt.

Mutter und Hausfrau

Bin ich als Mutter eines Säuglings und/oder von noch nicht schulpflichtigen Kindern überhaupt in der Lage, neben meiner Aufgabe, diese in die Selbständigkeit zu führen, auch noch einem Hund die nötige Aufmerksamkeit, Zeit und Liebe entgegen zu bringen? Ein Hund eignet sich nicht als Spielzeug für Einzelkinder und schon gar nicht als Elternersatz für Kinder, die zuviel allein sein müssen.

Beruf und Hund

Als ganz- oder halbtags berufstätige Person muß ich wissen, daß ein tagtäglich stundenlang allein gelassener Hund jämmerlich verkümmern wird. Dazu wird er anfangen, sich selbst zu beschäftigen und sich mit dem Naheliegendsten zu befassen: nämlich der Wohnungseinrichtung. Da werden Teppiche und Möbel angefressen. In einer solchen Lebenssituation ist es besser, auf einen Hund zu verzichten – es sei denn, man könne das Tier mit an den Arbeitsplatz nehmen. Man darf nie vergessen, daß der Hund ein Meutetier ist, das Geselligkeit liebt und braucht.

Der finanzielle Aufwand

Die Kostenfrage ist ein nicht unwesentlicher Faktor. Für Futter, Hundesteuer, Tierarzt und Haftpflichtversicherung ist pro Jahr mit etwa 2000 Fr. zu rechnen.

Rüde oder Hündin?

Eine immer noch weitverbreitete Meinung – wohl vor vielen Jahren zur Zeit der Kettenhunde entstanden – behauptet, die Hündin sei viel anhänglicher, sensibler und hausgebundener als der Rüde, der zum Streunen neige. Die moderne Verhaltensforschung widerlegt diese alte »Volksweisheit«. Man hat erkannt, daß ein Hund seinen Neigungen entsprechend beschäftigt sein will. Ein geforderter Hund ist ein zufriedener Hund – ob Rüde oder Hündin spielt keine Rolle. Es ist offensichtlich, daß der Rüde, bedingt durch seinen kräftigeren Körperbau imponierender wirkt, als die Hündin, ihr aber punkto Anhänglichkeit und Sensibilität in keiner Weise nachsteht. Hündinnen werden in der Regel zweimal pro Jahr läufig. Eine Hitze dauert drei Wochen. Die Hündin scheidet aber schon einige Zeit davor und auch danach Gerüche aus, die beim Rüden den Fortpflanzungstrieb auslösen und sein Verhalten beeinflussen können.

Rüde? (Photo: Milko van Rijn)

Der Hundekauf

Jeder Labradorwelpe ist im Alter von vier Wochen ein herziges Wollkneuel, das unweigerlich die sentimentale Seite des Interessenten berührt und möglicherweise einen Entscheid auslöst, der oft bitter bereut wird. Es ist empfehlenswert, sich viel Zeit zu nehmen und verschiedene Zuchtstätten anzuschauen. Dieser Schritt ist enorm wichtig, denn erst im Gespräch mit dem Züchter und im Kontakt mit seinen Tieren, gewinnt man den ersten hautnahen Eindruck seiner Wunschrasse. Züchteradressen findet man im offiziellen Organ des

oder Hündin? (Photo: Anne Roslin-Williams)

Jeder Welpe ist zuerst ein niedliches Wollkneuel (Photo: M. Wieland)

Landesverbandes oder beim Spezialclub. Der Besuch einer Hundeausstellung ist eine gute Gelegenheit, viele Züchter und ihre Hunde kennen zu lernen.

Auswahl des Züchters

Der Züchter ist dem Landesverband, in der Schweiz der SKG, in Deutschland dem VDH und in Österreich dem Österreichischen Kynologenverband angeschlossen. Sein Zwingername ist geschützt und seine Welpen werden in das Stammbuch eingetragen und erhalten einen Stammbaum. Dies allein macht aber nicht den guten Züchter aus. Sein Ziel ist, die guten Eigenschaften des Labradors zu erhalten und er wird entsprechend die zukünftigen Besitzer seiner Welpen informieren. Ein guter Züchter wird sich Zeit nehmen, um alle Fragen zu beantworten. Er zeigt bereitweillig die notwendigen Zuchtdokumente wie Ahnentafeln, Körscheine, Hüftgelenksatteste und Zeugnisse über Augenkontrollen. Er erklärt die rassespezifisch wichtigen Punkte, auch die negativen, die bei der Zucht eine wichtige Rolle

Der gute Züchter sorgt für viel Abwechslung im Welpengehege. Heute ist Kinderbesuchstag (Photo: R. Baumgartner)

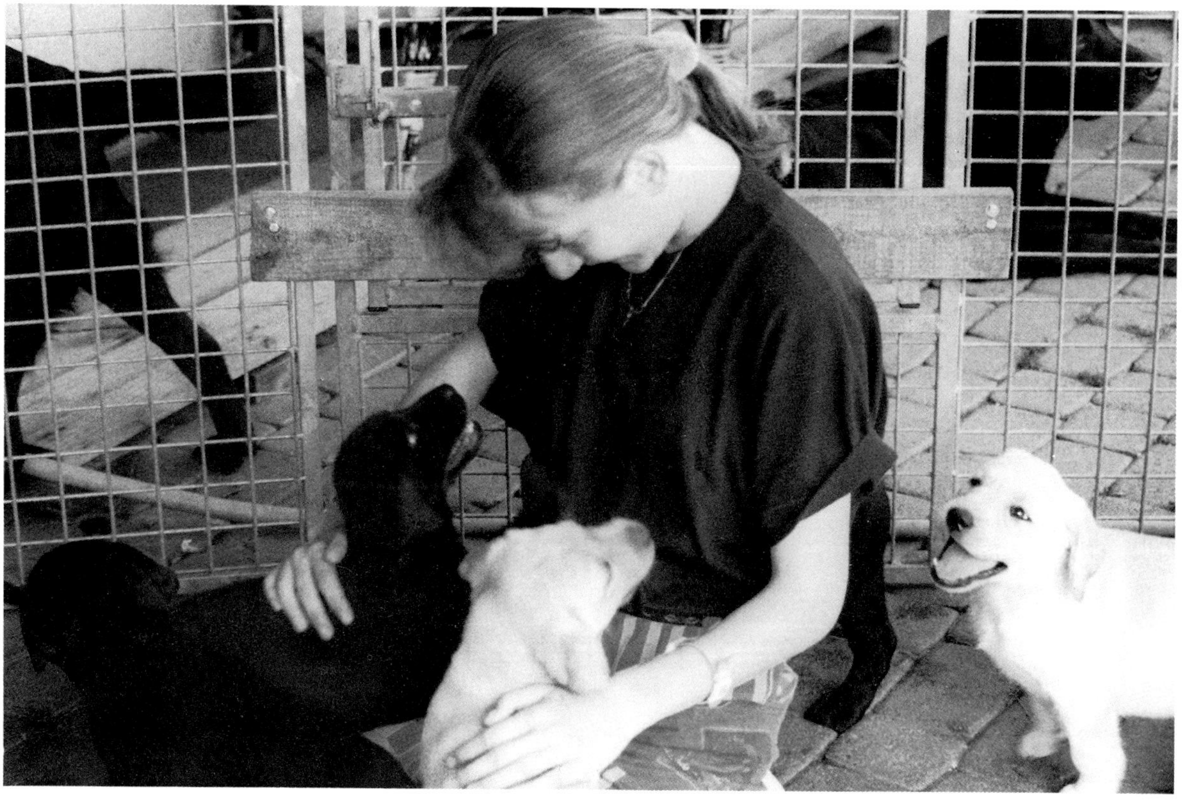

spielen. Er wird dem Interessenten auch bereitwillig zeigen, wie und wo seine Welpen artgerecht aufgezogen und gefördert werden. Hier ist zu beachten, daß Welpen, in deren Umfeld viel menschlicher Betrieb ist, sicher besser für das Leben vorbereitet sind als solche, die in einem abgelegenen Zwinger ohne viel menschliche Kontakte aufwachsen. Der zukünftige Besitzer kann sich ein objektives Bild über den allgemeinen Zustand der Zuchttiere machen. Er bekommt Einblick ins Zuchtprogramm und wird über die Zeitabstände der Würfe der einzelnen Hündinnen orientiert. Wenn er Glück hat, sind auch die ehemaligen Zuchthündinnen zugegen, deren Zustand sehr aussagekräftig sein kann, und er wird von der »Liebe zur Kreatur«, die den guten Züchter auszeichnet, etwas zu spüren bekommen. Von der endgültigen Entscheidung ist zu bedenken, daß man die nächsten zehn und mehr Jahre mit diesem Züchter Kontakt haben wird. Nur wenn das gegenseitige Vertrauen da ist, soll der Kauf eines Welpen ernsthaft erwogen werden.

Es ist wichtig, daß der Züchter vom zukünftigen Labradorbesitzer informiert wird, zu welchem Zweck er seinen Hund kauft. Gibt es einen Familienhund ohne besondere Aufgaben, gibt es einen Jagdbegleiter, gibt es einen Sport- und Diensthund, gibt es einen Zucht- und Ausstellungshund? Solche Abklärungen erleichtern die Auswahl des Welpen.

Schönheitslinien contra Arbeitslinien

In der Zeit der »Goldenen Jahre« arbeitete man mit jedem Labrador, und es war normal, daß der gleiche Hund an einem Tag an einer Jagdprüfung oder als Begleiter des Jägers bei der Jagd teilnahm, und am nächsten Tag auf einer Ausstellung gemeldet und ohne weiteres in der Lage war, beide zu gewinnen.

Daher war es wichtig, daß in der Zucht dem Aussehen, wie den Arbeitsanlagen, gleichviel Gewicht beigemessen wurde, um diesen hohen Anforderungen zu genügen. Durch den Aufschwung, den die Rasse nach dem 2. Weltkrieg nahm, gab es eine Teilung der Interessen. Viele Züchter interessierten sich nur noch für das Ausstellungswesen, andere nur noch für die Arbeitsseite. Das hatte zur Folge, daß wir heute vor allem in England in den sogenannten »Schönheitslinien« zu schwere, zu massige Hunde mit steilen Schultern und zu kurzen Hälsen vorfinden, die nicht mehr in der Lage sind, während des Galloppierens etwas vom Boden aufzunehmen und durch ihre Korpulenz gesundheitlich gefährdet sind. Auf der anderen Seite finden wir hochgezüchtete Arbeitsmaschinen, sehr leichte, auf Schnelligkeit gebaute Hunde, die nur noch im Entferntesten im Aussehen und im Wesen mit dem ursprünglichen Labrador übereinstimmen. Dieser Prozess der Entwicklung zweier Extreme hat auch in anderen Rassen stattgefunden. Entscheidend waren sicher auch die Richter, sei es für Schönheit, sei es für Arbeit, denn wenn das Interesse nur noch auf einer Seite liegt, leidet die andere entschieden. So besteht die Gefahr, daß eine wunderbare Rasse für immer verdorben werden könnte. Daß dem noch nicht so ist, ist einigen wenigen zu verdanken, die aus Liebe zur Rasse immer beiden Aspekten, dem »Dualpurpose = Mehrzweck«, Rechnung trugen. Sie sind es, die zum Erbe, welches die »Hawker's, Buccleugh's, Malmesbury's, Knutsford's, Howe's« und viele andere hinterließen, Sorge tragen. Hier liegt ein deutlicher Auftrag für die heutigen und die zukünftigen Züchter.

In der Schweiz werden auch reine Field-Trial-Labradors gezüchtet. Sie eignen sich hervorragend für den Jagdgebrauch, sind aber als ganz gewöhnliche Familienhunde eben wegen ihrer über Jahrzehnte hinweg nur auf Leistung gezüchteten Anlagen sicher unterfordert. Daher eignet sich ein aus sogenannten »Mehrzwecklinien« stammender Labrador eher als Familienhund, Blindenführhund, Drogenhund, usw., da bei seiner Zucht auch immer Wert auf die drei wichtigsten Kriterien wie gutes Wesen, das Aussehen und die Gesundheit gelegt wurde.

Lady Howe sagt 1957 in ihrem Buch »The Labrador Retriever« zum Gedenken an Lord Knutsford: »Die Labrador-Rasse und alle, die sie lieben, schulden ihm große Dankbarkeit, und das wenigste, was wir tun können, ist zu versuchen, die Rasse so zu erhalten, wie er sie sich gewünscht hatte: ein Mehrzweckhund. Aber nicht so, daß der Arbeits- und der Ausstellungstyp so divergieren, wie es leider heute in vielen anderen Rassen schon der Fall ist«.

»Nelsons« Abstammung besteht vorwiegend aus vernünftig gezogenen Schönheitslinien (Photo: R. Engel)

Der Jagdgebrauchshund,
rechts: »Butch« ist halb aus Schönheits-, halb aus Fieldtriallinien gezogen,
links: »Mink« ist ausschließlich aus Fieldtriallinien gezogen
(Photo: U. Ochsenbein)

Die Auswahl des Welpen

Nachdem man seinen Züchter gefunden hat und ein Wurf gesunder Welpen vorhanden ist, geht es an die Auswahl des Welpen. Dabei entsteht beim ersten Besuch des Wurfes sehr oft die »Liebe auf den ersten Blick«. Ihr wird oft viel zu viel Bedeutung beigemessen, denn jeder Welpe hat seine Tagesform, seine Stundenform. Es ist daher durchaus möglich, daß der frechste, lustigste Welpe, eben die »Liebe auf den ersten Blick«, sich beim nächsten Besuch apathisch und faul zeigt. Jetzt ist es wichtig, daß der Züchter beratend einwirken kann, denn nur er kennt jeden Welpen mit seinem individuellen Verhalten. Spätestens jetzt wird bestätigt, ob die richtige Zuchtstätte gewählt wurde, denn nur der aufmerksame Züchter ist in der Lage, über die Anlagen jedes einzelnen Welpen Auskunft zu geben, denn er verbringt doch sehr viel Zeit mit ihnen. Daher ist es oft besser, zusammen mit dem Züchter seinen Welpen auszusuchen, denn er kennt ja aus Vorgesprächen mit dem Käufer dessen Verhältnisse und Absichten.

Während der Auswahlphase und nach der Entscheidung ist es empfehlenswert, den Wurf öfters zu besuchen. Herr(in) und Hund kennen sich dann schon ein wenig, wenn der große Augenblick des Abholens gekommen ist.

Teil IV

Vom Welpen bis zum alten Hund

Der Welpe

Ein Labrador-Welpe ist bei der Geburt 300 bis 500 g schwer. Während der ersten zwei Wochen brauchen die Welpen Ruhe, viel Schlaf und Nestwärme. Sie werden von ihrer Mutter ernährt und gepflegt. Die Ausscheidung von Harn und Kot funktioniert nicht selbständig und muß von der Mutter durch Schlecken animiert werden. Die Augen sind noch verschlossen. Die Welpen können noch nicht gehen, sondern bewegen sich robbenartig vorwärts. Sie werden aber mit jedem Tag kräftiger, und bald zeigen sich Ansätze eines noch unsicheren Ganges. Nach ungefähr zwei Wochen öffnen sich die Augen und die nähere Umgebung wird wahrgenommen.

Für den Züchter ist dieser Moment, wo die Welpen mit ihm Kontakt aufnehmen, einer der beglückendsten im Züchteralltag. Nun wird es spannend in der Wurfkiste. Mit der dritten Lebenswoche brechen die spitzen Milchzähne durch. Für den Züchter ist die Zeit der Zufütterung gekommen. Mit vier Wochen sind die Welpen schon sehr aktiv. Die Wurfkiste wird zu klein. Spielen, schlafen und bei der Mutter trinken lösen sich in rascher Folge ab. Mit sechs Wochen sind die Welpen an das Fremdfutter gewöhnt. Sie bewegen sich jetzt im Auslauf und bekommen vier Mahlzeiten. Ausruhen, schlafen, spielen und kämpfen, wodurch unter anderem auch die Beißhemmung entwickelt wird, bestimmen den Tagesablauf. Die bis anhin pflegende Mutterhündin wird nun zur Erzieherin. Damit leistet sie einen wesentlichen Beitrag zur Sozialisierung der Welpen. Der Züchter seinerseits unterstützt die Hündin, sorgt für viel Abwechslung und Besuch im Welpengehege und konfrontiert die Welpen mit Alltagsbegebenheiten. In der achten Woche werden die Welpen zum ersten mal geimpft. Zwischen der zehnten und der zwölften Woche verläßt der Welpe, der inzwischen ein Gewicht von etwa zehn Kilogramm erreicht hat, seine Wurfgeschwister und wächst bei seinem neuen Besitzer langsam zum jungen Hund.

Allerlei Wissenswertes bevor ein Welpe ins Haus kommt

Normalerweise kommt ein Welpe im Alter von zehn – zwölf Wochen ins Haus. Bis zu diesem Zeitpunkt war er Tag und Nacht mit seinen Wurfgeschwistern zusammen. Er fühlte sich geborgen und hatte jederzeit Kontakt mit Artgenossen.

Nun wird er aus der gewohnten Umgebung recht aprupt herausgenommen. Er wird sich sehr alleine vorkommen und braucht nun von seiner Ersatzmeute, den Menschen, Zuwendung und Geborgenheit. In diesem Alter ist er sehr neugierig und lernbereit. Dies kann der Hundebesitzer für sich nutzen, in dem er Konsequenz, Zuneigung und viel Zeit als Schlüssel zum Erfolg einsetzt.

Faktor Zeit

Für die ersten drei Wochen mit dem neuen Hausgenossen ist es ratsam, keine wichtigen Termine zu vereinbaren, da der Tagesablauf mehr oder weniger durch den Welpen bestimmt sein wird.

Rollenverteilung innerhalb der Familie

Um dem Welpen das Einleben in die neue Umgebung zu erleichtern, ist es wichtig, daß die ganze Familie am gleichen Strick zieht und die Rollen verteilt sind, bevor der Welpe beim Züchter abgeholt wird.

Haftpflichtversicherung

Diese sollte mögliche Schäden für eine Million Franken decken.

Halsband und Leine

Das erste Halsband hat eine Länge von 45 bis 50 cm und ist aus Leder oder einem ähnlichen, weichen Material. Ein Kettenhalsband eignet sich nicht. Lederleinen sind praktische Kauobjekte.
Für die ersten Wochen gibt es leichte Kettenleinen mit einem Ledergriff.

Impfungen

Frühestens mit acht Wochen wurde der Welpe als erstes gegen Staupe, Hepatitis und Leptospirose (SHL) geimpft. Die zweite SHL-Impfung erfolgte zwei bis vier Wochen später. Diese Imfpung muß jährlich wiederholt werden. Parvovirose kann ab der sechzehnten Lebenswoche geimpft und muß jährlich wiederholt werden. Gegen Tollwut wird nicht vor dem fünften Lebensmonat geimpft. Sie wird alle zwei Jahre wiederholt. Bei Reisen ins Ausland darf die letzte Tollwutimpfung nicht älter als ein Jahr sein.

Entwurmen

Normalerweise wird ein Welpe beim Züchter bis zur ersten Impfung regelmäßig entwurmt. In der Regel wird vor jeder Impfung entwurmt, da der Impfschutz bei einem mit Parasiten befallenen Hund recht schlecht sein kann. Eine Kotuntersuchung kann – sofern das Resultat negtiv ist – eine den Hund unnötig belastende Wurmkur überflüssig machen.

Stubenreinheit, Versäubern

Man kann zur Regel nehmen, daß ein Welpe nach dem Füttern, während und nach dem Spielen und nach dem Aufwachen Harn (und) Kot absetzen muß. Er bekommt noch drei bis vier Mahlzeiten, entsprechend wird er so oft Kot absetzen. In den ersten Tagen empfiehlt es sich, den Welpen, wenn er wach und aktiv ist, alle dreißig Minuten durch immer dieselbe Türe auf seinen Versäuberungsplatz zu tragen und dort so lange zu warten, bis der gewünschte Erfolg da ist. Während des ganzen Ablaufes des wichtigen Geschäftes lobt man den Welpen immer mit den gleichen Worten.

Sehr schnell wird er das Hörzeichen mit seiner Handlung verknüpfen. Wenn man den Welpen gut beobachtet, merkt man bald einmal seinen Versäuberungsrythmus, und man kann die Abstände zwischen den Versäuberungsversuchen vergrößern. Wenn trotz aller Vorsicht ein Mißgeschick passiert, trägt man den Welpen sofort auf den Versäuberungsplatz, obwohl er sein Geschäft schon verrichtet hat. Die Folgen des »Unglücks« beseitigt man, ohne den Hund auszuschelten. Die veraltete Methode, seine Schnauze in den Kot oder Urin zu stekken, ist brutal und kontraproduktiv. Eine gute Hilfe in den ersten Tagen ist ein Wecker; durch die Tagesroutine vergißt man oft, daß wieder ein Geschäft fällig ist.

»Ninive« macht noch kurze Spaziergänge, dafür mehrere pro Tag (Photo: R. Mores)

Spielen mit erwachsenen Hunden ist wichtig für die Entwicklung des Junghundes (Photo: R. Wild)

Spaziergänge
Mit dem Welpen macht man mehrere kurze Spaziergänge über den Tag verteilt und nimmt Rücksicht auf seine noch weichen Knochen. Grundsätzlich läßt man den Hund nur an geeigneten Stellen versäubern und hat für alle Eventualitäten ein Kotsäcklein dabei.

Treppenlaufen
Der Labrador hat einen starken Knochenbau. Treppen hochgehen ist für ihn grundsätzlich gut und stärkt die Rückenmuskulatur. Treppen, steile Abhänge und ähnliches hinunter springen ist für den Welpen tabu. Sein Skelett ist noch viel zu weich für solche Strapazen. Der Hund bewältigt den Wachstumsprozess, für den der Mensch achtzehn Jahre zur Verfügung hat, in knapp ein bis zwei Jahren. Während der Zeit des intensiven Wachstums sind Treppen am besten durch Absperrvorrichtungen zu verschließen, und der Welpe wird getragen. Wenn er zu schwer wird, führt man ihn an der Leine hinunter.

Spielen mit anderen Hunden
Um das Sozialverhalten weiter zu entwickeln, braucht jeder Hund Kontakte mit Artgenossen und soll spielen dürfen. Man berücksichtigt dabei das Größenverhältnis zum jeweiligen Spielpartner und unterbricht das Spiel nach einigen Minuten, gibt aber dem Welpen öfters dazu Gelegenheit.

Ruhe
Ein zehn wöchiger Welpe braucht noch fünfzehn oder mehr Stunden Schlaf. Diese Ruhepausen sind von der ganzen Familie zu respektieren. Sie sind wichtig für eine gesunde Entwicklung.

Schlafplatz
Als Meutetier will der Labrador in der Nähe seiner Ersatzmeute sein. Sein Ruheplatz soll ruhig und zugfrei gelegen sein, aber so plaziert, daß er das Familiengeschehen überblikken kann. Sehr oft sucht sich der Hund seinen Platz selber aus. Weidekörbe werden in der Regel nicht alt, da in diesem Alter alles benagt wird. Es empfiehlt sich damit zu warten, bis zumindest der Zahnwechsel vorbei ist. Für die erste Zeit eignet sich eine der Größe des Welpen entsprechende Kartonschachtel oder Holzkiste.

Fütterung
Trinkwasser muß mindestens während des Tages bereit stehen. Als Behälter hat sich ein solides Steingutgefäß bewährt, da es nicht bei der minimsten Berührung umkippt und schlecht herum getragen werden kann. Plasticgeschirr wird sehr oft angefressen und könnte gesundheitsschädigend sein. Ein pflegeleichter Freßnapf ist aus Chromstahl. Die Mahlzeiten sollen nach Möglichkeit zur gleichen Zeit verabreicht werden. Der Hund braucht einen geregelten Tagesablauf; dem Halter erleichtert es die Erziehung besonders in Bezug auf Stubenreinheit. Normalerweise gibt der Züchter bei der Abgabe des Welpen einen Futterplan mit, der zu befolgen ist, trotz gutgemeinter Ratschläge anderer Hundebesitzer, die alle überzeugt sind, daß nur »ihr Futter« gut ist. Beim Futtervorrat ist zu beachten, daß man Getreideflocken nicht länger als drei Monate lagert.

Vom Welpen bis zum alten Hund (Photos: (Welpen und alter Hund) U. Ochsenbein)

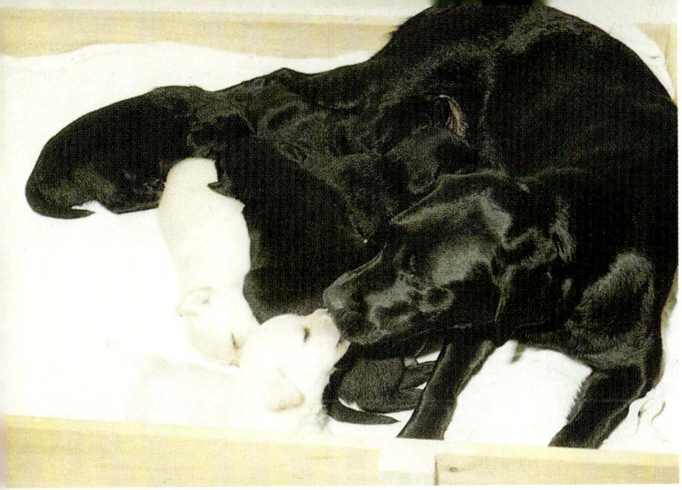

Bringtrieb

Ursprünglich wurde der Labrador unter anderem wegen seinem Bringtrieb rein gezüchtet. Jeder Labrador hat diesen Trieb mehr oder weniger ausgeprägt und wird alles, von Kinderspielsachen, Schuhen und Kleidungsstükken, aber auch Unappetitliches aufnehmen und bringen. Strafen wäre grundfalsch, denn er führt ja nur eine Triebhandlung durch, die grundsätzlich gefördert sein will.

Wasserfreude

Wasser in jeder Form übt eine unwiderstehliche Anziehungskraft aus. Kein Brunnen, keine Pfütze, kein Bach, kein See ist vor dem Labrador sicher. Schwimmen ist für ihn etwas vom Schönsten – auch im Winter. Grundsätzlich ist ein Bad, auch bei eisiger Kälte unschädlich, denn der Labrador hat ein wasserabstoßendes Fell und viel Unterwolle. Wichtig ist nur, daß er genügend Gelegenheit hat, sich zu trocknen und sich zu bewegen, um sich warm zu halten. Einen nassen Hund in Zugwind oder Kälte angebunden zu lassen, kann für ihn fatale Folgen haben.

(Photo: Milko van Rijn)

Abholen beim Züchter

Bevor man die Fahrt antritt, ist es ratsam nochmals zu überprüfen, ob wirklich alle Vorbereitungen für den neuen Hausgenossen getroffen wurden. Um sich und dem Welpen eine angenehme Heimfahrt zu ermöglichen, nimmt man eine Begleitperson mit, die den Welpen auf dem Rücksitz betreut und ihm Geborgenheit vermittelt. Der Labrador hat normalerweise keine Probleme mit dem Schlechtwerden. Eine Decke und Frottiertücher sind aber für jeden Fall mitzunehmen. Es ist zu beachten, daß der Welpe kurz vor der Fahrt nicht gefressen hat. Wenn er während der Fahrt ruhig und entspannt bleibt, ist es nicht nötig, diese zu unterbrechen. Sollte er aber anfangen oft zu gähnen oder zu speicheln, empfiehlt es sich, anzuhalten und den kleinen Kerl in einem Wald oder auf einer Wiese fern vom Straßenverkehr, durch Spielen abzulenken und müde zu machen, um dann die Fahrt fortzusetzen. Damit kann einem eventuellen Erbrechen und Schwierigkeiten für zukünftige Autofahrten vorgebeugt worden. Ist die erste Autofahrt für den Welpen eine angenehme Erinnerung, wird er auch in Zukunft gerne ins Auto steigen. Mit dieser Fahrt beginnt das Leben mit einer jungen, neugierigen, noch unerfahrenen Kreatur. Nun liegt es am neuen Besitzer, den Tenor für ein gutes, erfülltes, jahrelanges Miteinander zu gestalten.

Zum Abholen beim Züchter nimmt man eine Begleitperson mit

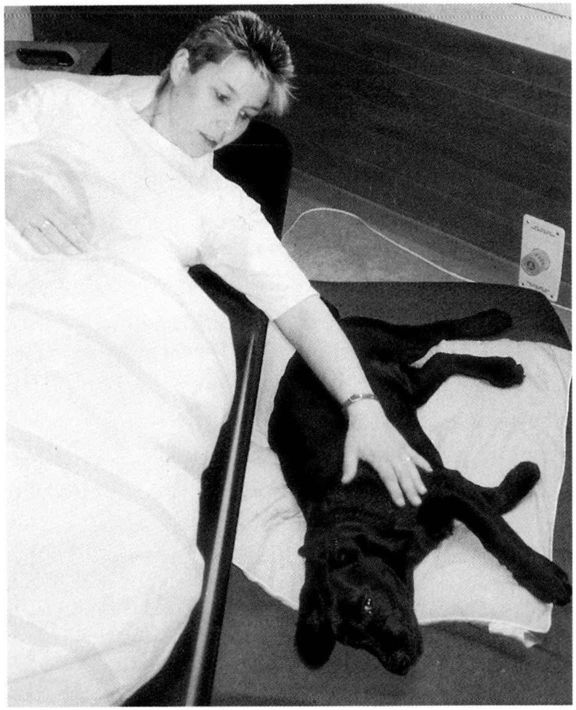

Die erste Nacht
(Photos: U. Ochsenbein)

Der erste Tag

Nach der Ankunft zu Hause, bringt man den Welpen zuerst auf seinen vorgesehenen Versäuberungsplatz, bevor man ihn ins Haus nimmt. Je nach Situation läßt man ihn angeleint oder unangeleint so lange schnüffeln, bis er sich ohne Beeinflussung des Besitzers entleert. Während der ganzen Entleerungsphase wird der Welpe mit einschmeichelnder Stimme gelobt. Spätestens hier kommen die Faktoren Zeit und Konsequenz, der Weg zur erfolgreichen Hundeerziehung, zum Zuge. Nun kann der Welpe ins Haus gebracht werden. Dabei ist es wichtig, daß er von den übrigen Familienmitgliedern dosiert empfangen wird. Verwandtenbesuche werden auf die nächste Woche vertröstet. In der Wohnung braucht er viel Zeit um sich umzusehen und all die neuen Gerüche kennen zu lernen, von denen er buchstäblich überfallen wird. Nach einer Weile kann man ihm die erste Mahlzeit am vorgesehenen Freßplatz verabreichen. Unmittelbar nach dem Fressen wird der Welpe wieder ins Freie getragen, damit er sich versäubern kann. Wieder im Haus, wird der Kleine weiter auf Entdeckungsreise gehen oder spielen, um dann gelegentlich einen ihm genehmen Ruheplatz aufzusuchen. Nach dem Aufwachen, wird er sich wieder versäubern müssen. Ein Wecker hilft, sich daran zu erinnern. Die Türen jener Räume, zu welchen der Welpe keinen Zutritt hat, bleiben geschlossen.

Die ersten Nächte

Die sanfteste Methode, um dem Welpen nachts die nötige Geborgenheit, die er bis anhin durch seine Geschwister hatte, zu vermitteln, ist sicher die, das Lager des Welpen neben dem Bett zu installieren, oder ein Bett neben dem Lager des Welpen aufzustellen. Wenn der Welpe unruhig wird, genügen oft einige Streicheleinheiten, um ihn zu beruhigen. So merkt man auch rasch, ob sich der Welpe entleeren muß und kann diesen schnell ins Freie tragen. In der kalten Jahreszeit zieht sich der Besitzer genügend warm an, um dem Kleinen genügend Zeit zu lassen, sich zu versäubern – so trägt er wesentliches zum schnelleren Erreichen der Stubenreinheit bei. Die allgemeinen Befürchtungen, so hätte man dann ein Hundeleben lang seinen Labrador im Schlafzimmer, können Tausende von Labradorbesitzern, die diese Methode auch anwandten, entkräftigen. Der Welpe lernt auf diese Weise allein in seinem Bett zu schlafen, hat aber die Gewißheit, nicht allein zu sein. Er begreift schnell, und nach einigen Nächten kann man das Hundelager meterweise vom Bett entfernen, bis es schließlich am definitiven Schlafort landet. Die »Willenbrecher-Methoden«, den Welpen irgendwo allein zu lassen, sind erfreulicherweise überholt – wer es trotzdem versucht, wird früher oder später vor dem Heulkonzert oder benagten Gegenständen kapitulieren. Daß er dabei auch einen Minuspunkt in Sachen Hundeerziehung einkassierte, merkt er möglicherweise erst viel später. Der Welpe hingegen hat sofort kapiert.

Die ersten drei Wochen

Nach ein paar Tagen Eingewöhnungszeit kann die beim Einzug des Welpen angewandte Haus- und Gartenquarantäne aufgelockert, und die ersten Spaziergänge unternommen werden. Mit dem Halsband und den ersten Gehversuchen an der Leine hat man schon in der Wohnung angefangen. Man beginnt mit kleinen Quartierrunden von wenigen hundert Metern zwei drei mal über den Tag verteilt. Gewaltmärsche sind wegen der noch zu weichen Knochen und der schnellen Ermüdbarkeit tabu.

Der Welpe lernt bei dieser Gelegenheit die Nachbarn und ihre Kinder, aber auch Artgenossen kennen, damit er sein im Wurf angelerntes Sozialverhalten weiter entwickeln kann. Er muß mit anderen Hunden spielen können, doch ist es ratsam, das Spiel gelegentlich abzubrechen. Wie beim Spaziergang gilt: öfter aber kurz ist weit besser als selten, dafür lang.

Mit der Wohnung ist er inzwischen auch vertraut geworden und ist täglich für neue Taten bereit. Aus dem Welpen entwickelt sich langsam ein junger Hund. Seine Neugierde ist grenzenlos. Da er keine Hände zum Anfassen hat, benutzt er seinen mit spitzen, perforierzangenähnlichen Zähnen ausgestatteten Fang. Stuhlbein, Teppichfransen und elektrische Kabel sind bevorzugte Kauobjekte. Sobald sich der Welpe an solchen Sachen zu schaffen macht, greift man mit einem deutlich gesprochenen »Nein« ein und offeriert ein hundegerechtes Spielzeug oder einen Büffellederknochen.

Wichtig ist, daß man sofort, während der Hund handelt, eingreift. Sekunden oder gar Minuten später erfolgte Maßregelungen begreift der Hund nicht mehr, da er nicht begrifflich denken kann und daher die Strafe – das scharfe »Nein« wird für ihn zur Strafe – nicht mehr mit dem verknüpft, was vorher passiert ist.

Nichts ist vor den spitzen Welpenzähnen sicher (Photo: P. Wild)

Der Junghund

Zwischen dem vierten und achten Lebensmonat ist der Labrador in der Phase des intensivsten Wachsens. Der Volksmund sagt zu recht: »Er wächst wie ein junger Hund«. Seine Neugierde, Aufmerksamkeit und seine Lernbereitschaft sind – sofern er bis anhin seinen Eigenschaften entsprechend gehalten und behandelt wurde, immer noch sehr groß. Der Zeitpunkt für seine sogenannte Grunderziehung ist gekommen, wobei die Erziehung ja bereits in der ersten Minute begonnen hat. Wie beim Spiel oder Spaziergang darf man nicht vergessen, daß er noch sehr schnell ermüdet. Wegen seiner Begeisterungsfähigkeit und seinem Willen zu gefallen, ist es oft für den unerfahrenen Besitzer schwierig zu erkennen, wann dieser Zustand eintritt. Überforderungen sind zu vermeiden, sie wirken sich in der Regel negativ auf den Labrador und damit auf die Beziehung Labrador – Mensch aus. Auch bei der Erziehung – und vor allem hier – gilt die Regel: daß kürzere Lektionen, aus wenigen Minuten bestehend, aber über den Tag verteilt, weit mehr bringen, als Monsterlektionen, vor allem, wenn diese noch mit Drill verbunden sind. Drill ist ohnehin Ausdruck von Schwäche, indem Widerfahrenes am noch Schwächeren, dem Hund abreagiert wird.

Der Junghund benötigt genügend Erholungspausen. Je nach Zuchtlinie kennt man beim Labrador schnellere und langsamere Entwickler. Die Pubertät kann ab dem sechsten, aber auch erst nach dem zwölften Lebensmonat (z.B. Läufigkeit der Hündin) oder noch später eintreten. Es ist ein langwieriger Prozeß, der den Hund sehr belasten kann, den er aber unbedingt zum Erwachsenwerden und zur Festigung seines Wesens durchmachen muß. Dazu braucht die Hündin die ersten zwei bis drei Läufigkeiten. Mit achtzehn bis vierundzwanzig Monten sind Hündin und Rüde ausgewachsen. An eine Kastration sollte eigentlich nur gedacht werden, wenn zwingende medizinische Gründe vorliegen, und nie nur aus Bequemlichkeit des Besitzers gemacht werden.

Die Belastung, die durch den Sexualtrieb und der damit verbundenen Erscheinungen, sind sowohl bei der wohlerzogenen Hündin, als auch beim wohlerzogenen Rüden, gering.

Während der Pubertät kann es allerdings vorkommen, daß der doch schon recht gut erzogene Labrador plötzlich nicht mehr gehorcht und ein ungewohntes Verhaltensmuster zeigt. Rigoroses Durchgreifen und Kraftakte sind jetzt falsch am Platz. Zuneigung, Verstehen, Geduld, Konsequenz und vor allem Vordenken – ohne Vordenken ist die Konsequenz eine Illusion – bringen weiterhin die gewünschten Erfolge. Die bisherigen Erziehungsversuche waren erfolgt, indem der Hund jeweils in die entsprechende Stimmung versetzt worden ist, um das zu lernen, was man ihn lehren wollte. Durch den pubertären Prozeß ist der Junghund noch mit anderem als den Erziehungsversuchen seines Meisters belastet. Das schon Gelernte ist deswegen keineswegs verloren. Die Sicherheit, die der Hund vor allem während der Pubertät braucht, kann ihm aber nur sein übergeordnetes Meutetier, der Besitzer vermitteln. Er muß aber wissen, daß – dies gilt vor allem bei Rüden – pubertierende Hunde durchaus in der Lage sind, die Familienhierarchie seiner Familie zu ändern.

Der erwachsene Hund

Mit ungefähr zwei Jahren ist der Labrador ausgewachsen und sein Skelett genügend gefestigt. Er ist physisch und psychisch voll belastbar. Diese Zeit heißt es zu nutzen und zu genießen, denn schon nach sieben, acht Jahren hat er den Zenit seines Daseins überschritten.

Der alte Hund

Nach zehn Jahren ist jeder Tag im Leben eines Labradors ein Geschenk. In diesem Alter ist es normal, daß Sehkraft und das Gehör nachlassen. Oft hat der alte Hund Mühe beim Aufstehen; die Wirbelsäule und der Bewegungsapparat zeigen Abnutzungserscheinungen. Der alte Hund bewegt sich langsamer und ist nicht mehr so unternehmungsfreudig und wird vielleicht eigenwillig. Er ist mehr und mehr auf das Verständnis des Menschen angewiesen. Wenn die Altersbeschwerden schlimmer werden, liegt es am Besitzer, seinem treuen Begleiter große Schmerzen zu ersparen. Er soll seinen Hund den letzten Weg in Würde gehen lassen und begleitet ihn zum Tierarzt. Der Mensch schuldet dem Hund diesen Dienst und soll nicht aus purem Egoismus Lebensverlängerungsmaßnahmen ergreifen, die einen qualvollen Leidensweg nur verlängern.

Teil V

Ernährung Pflege Krankheiten

Ein gesunder Labrador hat ein glänzendes Fell, einen klaren Blick, ist aufmerksam und lebhaft, aber nicht nervös. Das beste Rezept für einen gesunden Hund ist:
Genügend Bewegung und Beschäftigung, die Betreuung durch einen ausgeglichenen Besitzer und eine artgerechte Ernährung.

Ernährung

Der Labrador ist bekannt als der zu dicke Hund. Durch seine faßförmige Brust und seine breitgebaute Form ist er von der Erscheinung her nicht ein eleganter, stromlinienförmiger Hund, wie es bei den meisten andern Rassen der Fall ist. Er ist recht voluminös und wird daher fälschlicherweise als fettleibig angesehen. Allerdings werden schlanker gebaute Labradors bis zur Fettleibigkeit überfüttert, um so vor allem bei Ausstellungen einen labradortypischen, voluminösen Bau vorzutäuschen.

Beim Labrador in normalem, guten Futterzustand, sollen die Rippen nicht hervortreten, aber auch nicht von einer Fettschicht überlagert sein. Die Einbuchtung in der Lendengegend ist gut sichtbar. Ein gesunder Labrador ist lebhaft, sein Fell glänzt und in der Bewegung ist das Muskelspiel gut zu sehen. Der Kotabsatz darf dem Hund keine Mühe bereiten. Zu harter oder zu dünner Kot können auf einer Fehlernährung basieren. Beim Labrador geht die Liebe durch den Magen; Fressen gehört zu seinen liebsten Beschäftigungen. Zudem ist er ein guter Futterverwerter. Die Freßportionen müssen seinem Alter, seiner Leistung jeglicher Art und seiner Neigung zur Fettleibigkeit angepaßt werden, und sind somit von Hund zu Hund recht verschieden. Ein gesunder, leistungsfähiger Hund ist dann richtig ernährt, wenn sein Gewicht konstant bleibt.

Die Nahrung des Hundes besteht aus:
- *verdaulichen Kohlehydraten* = Getreide, Kartoffeln, Teigwaren,
- *unverdaulichen Kohlehydraten* = Cellulose (Ballaststoffen)
- *Eiweiße* = Fleisch, Milch, Soja,
- *Fette und Öle* = Butter, tierisches Fett, pflanzliche Fette und Öle,
- *Mineralstoffen* = Kalzium, Phosphor, Natrium, Magnesium, Kalium,
- *Spurenelementen* = Kupfer, Eisen, Jod,
- *Vitamine* = in Gemüse und Früchten.

Der Labrador wird nach Möglichkeit immer zur gleichen Zeit gefüttert.

Eine angemessene Verdauungspause ist angebracht.

Trinkwasser steht mindestens während des Tages bereit.

Süßigkeiten, Zwischenmahlzeiten und kleine Häppchen vom Familientisch sind tabu.

Der Labrador gewöhnt sich rasch an die Fütterungszeiten. Wenn diese Zeiten eingehalten werden, wird sein Appetit gezügelt, und es wird viel einfacher, ihn nicht zu überfüttern.

Für die Ernährung des Welpen und Junghundes hält man sich mit Vorteil an den Futterplan des Züchters. In der Regel bekommt der junge Labrador drei bis vier Mahlzeiten, die nach Möglichkeit zu den gleichen Zeiten verabreicht werden. Wenn er seinen größten Wachstumsschub hinter sich hat, d.h. nach acht bis neun Monaten, werden 2 Mahlzeiten genügen. Den erwachsenen Labrador füttert man bis an sein Lebensende zwei mal täglich. Allerdings ist die Meinung, ein Hund soll nur einmal täglich gefüttert werden, weit verbreitet. Es ist aber bekannt, daß die tägliche Ration auf zwei Mahlzeiten verteilt, für den Hund viel weniger belastend ist. Mit einem überfüllten Magen fühlt er sich nicht wohl. Daher wird der Hund erst nach dem Spaziergang oder einer sportlichen Leistung gefüttert. Magendrehungen entstehen nur bei sehr vollem Magen.

Bei Fütterungsversuchen zeigte sich, daß Hunde, denen man Futter zur freien Verfügung vorstellte, ihre Futteraufnahme auf über zwanzig Mahlzeiten aufteilten.
Die heutige Futtermittelindustrie bietet eine Vielfalt von hochwertigen Produkten an. Das Fertigfutter (Vollfutter) enthält alles Lebensnotwendige und soll nicht noch durch Fleisch und andere Zusätze angereichert werden.

Beim Einzelfutter, das aus Getreideflocken, Reis, Teigwaren, Fleisch, Fisch, Milch, Honig, Eiern, Gemüse und Früchten bestehen kann, und individuell und ausgewogen vom Besitzer zusammengestellt wird, ist der tägliche Bedarf des Hundes gedeckt, und es besteht auch bei dieser Art von Fütterung kein Grund, Vitamine und andere Zusätze beizufügen.

Grundsätzlich ist jede Art von Fütterung gut, solange es dem Hund schmeckt, er ein glänzendes Haarkleid trägt, nicht fettleibig, aber bewegungsfreudig ist.

In der heutigen Zeit gehören Mangelerscheinungen zu den Seltenheiten. Überernährungen kommen oft vor und sind in qualitativer und quantitativer Hinsicht Ursache von Fehlentwicklungen. Beispielsweise kann sich eine übermäßige Fütterung von Fleisch nachteilig auf die Entwicklung der Knochen – vor allem der Röhrenknochen – auswirken, wenn nicht der mit dem Fleisch aufgenommene zu hohe Phosphorwert durch Kalziumgaben kompensiert wird. Meint man es aber zu gut, und gibt neben dem Kalzium noch Vitamin D, kann es zu fehlerhaften Verkalkungen nicht nur am Skelett, sondern z.B. auch in den Gefäßwänden kommen. Vitamin D gibt man immer im Überschuß, denn ein normal gehaltener Hund, der genügend Tageslicht bekommt, ist durchaus in der Lage, selbst Vitamin D für seinen Bedarf zu produzieren.

Pflege

Haarkleid

Der Labrador, mit seinem wasser- und schmutzabstoßenden Haar, ist ein pflegeleichter Hund. Meistens genügt auch nach einem Spaziergang bei nassem Wetter das Abreiben mit einem Frottiertuch. Sobald das Fell trocknet, fällt der Schmutz heraus. Jedes Schamponieren entzieht dem Fell den Talg und somit den natürlichen Schutz gegen Nässe und Kälte. Das Fell braucht dann einige Zeit, um sich zu regenerieren. Natürlich wälzt sich der Labrador wie jeder andere Hund auch in »stinkenden Sachen«. Gleicht ihr Labrador nach einem Spaziergang eher einem sulenden Schwein, ist ein Bad in einem sauberen Bach, sofern man einen solchen findet, für den Hund eine willkommene Gelegenheit, für den Besitzer eine bequeme Art der Hundereinigung. Eine örtliche Reinigung genügt aber meistens. Das Bürsten des Felles gehört nicht zur täglichen Pflege, und ist nur während des Haarwechsels nötig. Mit der Bürste kann die empfindliche Haut verletzt werden, und es können Schuppen entstehen.

Krallen

Wenn der Labrador genügend Bewegung auf weichen (Gras) und harten Unterlagen (Wald- und Feldwege und Asphalt) hat, nutzen sich seine Krallen genügend ab.

Ohren

Das äußere Ohr wird hie und da mit einem Wattebausch gereinigt. Die Reinigung des Gehörganges mit Stäbchen kann zu folgenschweren Verletzungen führen. Kratzt sich der Hund oft an den Ohren, konsultiert man besser den Tierarzt.

Augen

Der junge Labrador hat unter Umständen, je nach Zuchtlinie, etwas lose Augenlider. Die Lidbindehaut, die oft gerötet ist, wird sichtbar. Dies ist aber kein krankhafter Zustand, wie oft fälschlicherweise angenommen, und mit einem Ektropium verwechselt wird. Die losen Augenlider entstehen durch die in diesem Alter zu viele Haut und normalisieren sich mit dem Erwachsenwerden. Es ist möglich, daß sich während diesen zwei bis drei Monaten Schmutzpartikel im Auge ansammeln; reinigen mit einem in Kamillentee getränkten Wattebausch hilft.

Zähne

Wenn der Hund regelmäßig z.B. ein Stück hartes Brot zu Kauen bekommt, und Knochen nagen kann, werden die Zähne im allgemeinen genügend gereinigt.

Krankheiten

Der Labrador kann fast an allen bei Hunden vorkommenden Krankheiten leiden. Eine typische Labradorkrankheit – das heißt eine Krankheit, die nur, oder vorwiegend beim Labrador vorkommt – gibt es nur eine, die Muskeldystrophie. Ich möchte in diesem Kapitel nur kurz auf solche Krankheiten, beziehungsweise Krankheitssymtome eingehen, mit denen der Hundebesitzer öfters konfrontiert sein kann, und auf solche, die auch vom züchterischen Standpunkt von Bedeutung sein können. Für mehr und ausführlichere Informationen verweise ich auf die Fachliteratur und den Tierarzt.

Die ersten Anzeichen einer Krankheit zu erkennen, ist eine Frage der guten Beobachtung. Wer sich jeden Tag intensiv mit seinem Hund beschäftigt, nimmt sehr schnell Veränderungen wahr, die auf eine Krankheit schließen lassen. Die Diagnose und Behandlung ist dann oft eine Angelegenheit des Tierarztes.

Fieber. Ein immer ernst zu nehmendes Symptom ist Fieber. Die Körpertemperatur eines gesunden Hundes liegt zwischen 37,5° und 38,5°. Um die Körpertemperatur ihres Labradors zu kennen, bleibt nichts anderes übrig, als sie zu messen. Dabei gilt zu berücksichtigen, daß die Körpertemperatur abends höher ist als am Morgen, und daß sie beim Welpen und Junghund höher ist, als beim erwachsenen Hund. Fieberhafte Zustände können leicht an den warmen Ohren, am trockenen Nasenspiegel und am matten Ausdruck der Augen erkannt werden. Es bleibt nur noch die Höhe zu bestimmen. Die Ursachen, die zu Fieber führen, sind vielfältig. In jedem Fall ist Fieber aber auch ein Teil einer natürlichen Abwehrreaktion. Es soll und darf nicht einfach versucht werden, es zu senken. Hunde mit hohem Fieber und/oder schweren Störungen des Allgemeinbefindens benötigen die Behandlung kompetenter Fachleute.

Durchfall und Erbrechen. Durchfall und Erbrechen sind Symptome, die bei schweren Infektionskrankheiten, wie Staupe, Parvovirose, oder bei Vergiftungen auftreten können. Sie können aber auch Ausdruck nervöser Störungen harmloser, aber auch ernsthafter Natur, oder einfach Folge übermäßiger Nahrungsaufnahme, oder Aufnahme von unbekömmlichem Futter jeglicher Art sein. Durchfall mit trocknenden Mittel wie Kohle beheben zu wollen, ist eine kurzsichtige Maßnahme, da damit nur das Symptom und nicht die Ursache bekämpft wird. Eine erste Maßnahme bei Durchfall und Erbrechen ist, den Hund einen Tag fasten lassen. Der Verlust an Flüssigkeit kann mit Kamillen-, Salbei-, Fenchel- oder Schwarztee, mit etwas Honig gesüßt, eventuell löffelweise ersetzt werden. Schwere Fälle erfordern eine tierärztliche Behandlung, wobei die verlorene Flüssigkeit mittels Infusion ersetzt wird. Durchfälle, selbst durch harmlose Ursachen bedingt, können als Folge des Verlustes an Flüssigkeit und Mineralstoffen, zu schweren Störungen des Allgemeinbefindens führen.

Vermehrtes, übermäßiges Trinken könnte auf eine ernsthafte Erkrankung, z.B. Gebärmutterentzündung, Nierenerkrankung, hinweisen, man soll nicht zu lange warten, und den Tierarzt beiziehen.

Kleine Hautverletzungen behandelt man mit einem Desinfektionsmittel, Kamillentee ist ein idealer, preisgünstiger Helfer.

Größere Verletzungen beim Spiel mit anderen Hunden, oder bei einer Rauferei erworben, können infiziert werden. Eine tierärztliche Behandlung wird unerläßlich. Verletzungen auf dem Kopf, auf dem Hals und am Rücken sind sehr ernst zu nehmen. Wird an diesen Regionen eine Wunde infisziert, kann sich die Infektion leicht in darunter liegenden Gewebsschichten ausbreiten.

Insektenstiche können, falls dadurch eine massive allergische Reaktion hervorgerufen wird, unter Umständen fatale Folgen haben. Dies gilt besonders für Stiche in der Mund- und Rachengegend nach erfolgter Jagd auf Bienen oder Wespen.

Hinken beim jungen Hund

Der junge Labrador ist sehr lebhaft und seine Spielweise oft sehr flegelhaft und grob. Hie und da wird er auch von seinem Besitzer durch zu lange Spaziergänge überfordert. Viele Junghunde fangen im Alter von vier bis neun Monaten plötzlich zu hinken an. Meistens sind die Vordergliedmaßen betroffen. Komplettes Ruhigstellen wäre falsch, denn die Muskulatur und die Bänder helfen stützen und gezielte Bewegung ist angebracht. Man macht kleine Spaziergänge an der Leine und streicht vorläufig die Spielstunde mit anderen Hunden. Schmerzhemmende Mittel überdecken nur den Zustand und sollten vermieden werden. Es braucht Zeit und Geduld, bis der krankhafte Prozeß ausheilt.

Warum kann es zum Hinken kommen?

Während der Zeit des intensiven Wachstums – zwischen dem ersten und dem neunten Monat – sind sowohl die knorpeligen, als auch die knöchernen Anteile des Skelettes sehr fragil und somit den enormen mechanischen Belastungen nicht in ausreichendem Maße gewachsen. Dies gilt besonders für die Knochen der Gliedmaßen im Bereiche der Wachstumszonen, d. h. in und um die Epiphysenfuge und in den Gelenksknorpeln. Der Gelenksknorpel und der Knorpel der Epiphysenfuge ist zur Zeit des intensiven Wachstums – und nur zu dieser Zeit – mit Blutgefäßen, welche die Verknöcherung einleiten, durchsetzt. Dadurch ist aber die ohnehin schon geringe Stabilität des wachsenden Knorpels vermindert. Der Knochenschaft rings um die Epiphysenfuge fängt gerade an sich zu bilden, d. h. er besteht noch vorwiegend aus Bindegewebe. Starke mechanische Belastungen können sowohl im Gelenksknorpel der Epiphysenfugen, als auch im gerade neu gebildeten Knochengewebe Schäden verursachen. Schäden im Knochengewebe – in der Regel Mikrofrakturen – heilen spontan. Schäden im Knorpel der Epiphysenfuge leiten zu fehlerhaften Verknöcherungen, die in der Regel durch den Heilungsprozeß problemlos korrigiert werden. Schäden im Gelenksknorpel hingegen können zu bleibenden Arthrosen führen. Auch die Ansatzstellen von Bändern und Sehnen erreichen ihre volle Belastbarkeit erst nach Abschluß der intensivsten Wachstumsphase. Übermäßige Belastung kann zu Zerrungen führen, die, wenn noch die Knochenhaut mit einbezogen wird, sehr schmerzhaft sein können, was mit Hinken quittiert wird. Die Stabilität des wachsenden Skelettes kann durch unsachgemäße Fütterung dramatisch reduziert und die Knochenentwicklung fehl geleitet werden.

Hinken kann viele Ursachen haben. Begreiflicherweise wünschen alle Besitzer eine schnelle Heilung, und entschließen sich, oder drängen gar, viel zu früh für eine Operation. Operationen sind in vielen Fällen nicht nötig. Sie belasten das Tier unter Umständen nur unnötig oder können im schlimmsten Falle – vor allem, wenn Gelenke mit einbezogen werden – eine Heilung verhindern.

Hüftgelenksdysplasie (HD)

Der Begriff HD umschreibt krankhafte Veränderungen am Hüftgelenk. Bei der Entstehung spielen Erbfaktoren eine wesentliche Rolle. Selbst beim heutigen fortgeschrittenen Stand der Wissenschaft sind noch lange nicht alle Zusammenhänge bekannt.

Umwelteinflüsse, wie Überforderung des Junghundes oder falsche Ernährung sind neben den genetischen Dispositionen verantwortlich für kranke Hüftgelenke. Anhand von Röntgenbildern ist nur der Phänotyp sichtbar, die genetische Anlage bleibt verborgen. Der Experte beurteilt die Größe des Gelenkspaltes, die Form der Gelenkspfanne und des Oberschenkelkopfes, unter Berücksichtigung der rassespezifischen Punkte, sowie eventuelle Veränderungen an den Gelenken selbst und am Oberschenkelhals. Je nach dem wie. stark und wie fortgeschritten diese Veränderungen sind, werden sie graduell unterschieden: HD I bedeutet geringgradige, gerade noch erfaßbare Veränderungen, HD IV schwere und fortgeschrittene Veränderungen. Das Alter des Hundes ist dabei immer zu berücksichtigen. Vor dem 12. Lebensmonat kann keine verbindliche Diagnose gestellt werden, weil das Skelett und damit auch die Gelenke noch nicht genügend weit entwickelt sind. Andererseits können geringgradige Veränderungen, die im Alter von 12 Monaten auf dem Röntgenbild gefunden werden, innerhalb von 6 bis 12 Monaten verschwinden. Dabei handelt es sich aber meistens um Veränderungen am Oberschenkelhals. Hinzu kommt, daß nicht alle Veränderungen, die bei der HD vorkommen, auch tatsächlich das Resultat einer HD sind, d.h. erblich bedingt sind. Anhand des Röntgenbildes kann dies aber nicht festgestellt werden.

Aus dem Gesagten geht hervor, daß einer sorgfältigen Beurteilung der Röntgenaufnahmen der Hüftgelenke größte Bedeutung zukommt, aber auch, daß dem Befund bei leichtgradigen Veränderungen mit Kritik und der nötigen Distanz, von der aus nicht nur die Hüftgelenke, sondern eben das ganze Tier beurteilt werden kann, begegnet wird. Die heute übliche Praxis, auch Tiere mit HD I zur Zucht einzusetzen, ist ein sinnvoller Kompromiß, zum einen, weil die Abgrenzung zwischen normalen Hüftgelenken und solchen mit HD I nicht immer einfach ist, und zum andern, weil eine Paarung von zwei HD-freien Elterntieren nie ein Garant für HD-freie Nachkommen ist.

Entscheidend für die Auswahl der Zuchtlinie sollte letztlich nicht der HD-Attest, sondern die Gesamterscheinung des Hundes – vorab sein Bewegungsablauf sein. Ein gut gebauter Labrador mit HD I, der sich viel und gut bewegt, bedeutet unter Umständen für die Zucht weitaus mehr, als ein HD-freier Hund mit klammem Gang. Paradoxerweise ist HD-Freiheit keineswegs immer mit optimalem Bewegungsablauf gekoppelt. Die Gründe, die zu unharmonischen Bewegungsabläufen führen, können natürlich irgendwo im Bewegungsapparat zu finden sin.

Osteochondrosis, Osteochondritis

Eine Osteochondrosis entsteht infolge einer fehlerhaften Entwicklung der Gelenksanteile (Epiphysen) der Röhrenknochen (s. Hinken beim jungen Hund). Störungen in der Entwicklung der Gelenksknorpel können sekundär zu Entzündungen führen – dann spricht man von Osteochondritis – oder es können Knorpelteile in die Gelenkshöhle abgespalten werden – dann spricht man von der Osteochondrosis oder Osteochondrosis dissecans. Grundsätzlich können sich in allen Gelenken solche Entwicklungsstörungen manifestieren. Betroffen sind in der Regel solche, die großen mechanischen Belastungen ausgesetzt sind. Darunter sind in erster Linie Ellenbogengelenk und Schultergelenk zu erwähnen. Mit der Osteochondrosis dissecans des Ellenbogengelenkes sind oft noch andere Entwicklungsstörungen (Ablösung von Knochenfortsätzen) gekoppelt. Es wird vermutet, daß diesen Störungen eine genetische Komponente zugrunde liegt. Wichtig ist, sich zu erinnern, daß während des Wachstums auch in den Gelenksknorpeln Gefäße sprießen, die unter anderem die mechanische Belastbarkeit massiv reduzieren können. Zu den Ursachen, die zu einer Osteochondrose führen, werden fehlerhafte Entwicklung der Gefäße, aber auch Überernährung, falsche Ernährung in Bezug auf Mineralstoffe und Vitamin D und fehlerhafte Belastung als Folge eines zu breiten Brustkorbes, angesehen.

Muskeldystrophie. Die Muskeldystrophie des Labradors beruht auf einer Entwicklungsstörung der Skelettmuskulatur. In den USA gemachte Untersuchungen zeigten, daß diese Krankheit autosomal rezessiv vererbt wird. Befallen sind vor allem die Muskeln der Vorder- und Hintergliedmaßen. Hunde, die an einer Muskeldystrophie leiden, ermüden rasch und haben Schwierigkeiten beim abwärtsgehen. Die Krankheit kommt zur Zeit selten vor. Eine nützliche Behandlung gibt es nicht, hingegen kann durch geeignete züchterische Maßnahme ihre Verbreitung verhindert werden.

Epilepsie ist eine Krankheit, die vererbt (genuine Epilepsie) oder erworben (unechte oder sekundäre Epilepsie) sein kann. Der Erbgang der genuinen Epilepsie ist nicht bekannt. Zu den Ursachen, die zu Krämpfen oder krampfartigen Anfällen (erworbene Epilepsie) führen können, gehören verschiedene Krankheiten, vorgeburtliche Schädigungen, Verletzungen, Vergiftungen, Streß, Schlafstörungen, Stoffwechselstörungen, hormonelle Störungen u. a. In den meisten Fällen handelt es sich um die unechte Form. Es ist daher angebracht, sorgfälltige klinische Nachforschungen unter Einbezug der Zuchtlinie zu machen, bevor, wie die Praxis leider zeigt, in leichtsinniger Weise von genuiner Epilepsie gesprochen wird.

Augenkrankheiten

Die Veterinärophthalmologen sind heute in der Lage, erworbene von vererbten Augenkrankheiten zu erkennen. Für den Hund ist dieser Umstand schmerzlos und dauert nur einige Minuten. Beim Labrador sind Erkrankungen vom 12. Lebensmonat feststellbar; das bedeutet, daß eine Krankheit im Idealfall erkannt werden kann, bevor der Hund zur Zucht verwendet wird. Der RCS organisiert jährlich Vorsorgeuntersuchungen an seiner Clubshow. Der 1987 von der Verfasserin gegründete, und inzwischen von der veterinär-medizinischen Fakultät der Universität Zürich übernommene Augenfonds zur Bekämpfung vererbter Augenkrankheiten beim Hund, offeriert jährlich an ein bis zwei Internationalen Hundeausstellungen in der Schweiz Vorsorgeuntersuchungen. In Deutschland und Österreich sind die Spezialclubs in der Lage, Vorsorgeuntersuchungen zu veranlassen.

Progressive Retinaathrophie PRA ist eine langsam fortschreitende Erkrankung der Netzhaut die mit der Zeit zum vollständigen Erblinden führen kann. Es sind zwei Formen von PRA bekannt, die generalisierte Form, wo der Hund vollständig erblinden kann und die zentrale Form, die nicht immer zur vollständigen Blindheit führen muß. Ein an der zentralen PRA leidender Hund sieht in den frühen Stadien der Krankheit bei Dämmerlicht besser als bei Tageslicht. Das frühzeitige Erkennen ist für die Zucht von Bedeutung. Allerdings kann sich die PRA recht spät manifestieren, nachdem eine Hündin schon etliche Welpen geboren oder der Rüde schon dutzende von Hündinnen gedeckt hat.

Retinadysplasie RD. Retinadysplasie ist eine Fehlentwicklung der Netzhaut, die zusammen mit einer Netzhautablösung auftreten kann. Die Krankheit kann sekundär als Folge von anderen sich im Auge entwickelnden Krankheiten entstehen, oder als primäre Erbkrankheit vorkommen. In diesem Falle ist sie nach Abschluß der Augenentwicklung bereits vorhanden und ist nicht fortschreitend. Sie kann im Alter von etwa acht Wochen diagnostiziert werden. Die Beeinträchtigung der Sehkraft hängt vom Ausmaß der Veränderung ab. Im günstigsten Fall sind keine wesentlichen Sehstörungen zu erkennen, im schlimmsten Falle ist ein Tier beidseitig blind. Die vererbte Retinadysplasie wurde oft in Zusammenhang mit anderen Störungen am Auge aber auch am Skelett und Herz-Kreislauf-System beobachtet.

Katarakt. Mit Katarakt (grauer Star) bezeichnet man jede Linsentrübung, die verschiedene Ursachen haben kann. Die bekannteste Form ist der Altersstar, der bei vielen Rassen vorkommt, und der als normale Erscheinung beim alten Hund bezeichnet werden darf. Katarakt kann sich sekundär bei Zuckerkrankheit oder bei einer Netzhauterkrankung entwikkeln, oder als selbständige vererbte Krankheit vorkommen.

Die Entwicklung eines Katarakts führt zur Beeinträchtigung der Sehkraft, im schlimmsten Fall zum Erblinden.

Entropium, Ektropium. Entropium bedeutet ein Einrollen, Ektropium ein Ausrollen des unteren Augenlides. Beides sind harmlose, operativ leicht korrigierbare, vererbte Krankheiten.

Sowohl beim ausgeprägten Entropium als auch beim Ektropium ist eine Operation angezeigt.

Wird ein Entropium bei einem jungen, noch wachsenden Hund operativ korrigiert, besteht die Gefahr der Überkorrektur, so daß ein Ektropium entstehen kann und umgekehrt. Beim jungen Labrador ist sehr oft ein leichtgradiges Ek- oder Entropium vorhanden, welches besser als loses Augenlid bezeichnet wird. Welpen und Junghunde haben fast immer zu viel Haut.

Sobald der Kopf sein endgültiges Volumen erreicht hat, liegt in der Regel auch die Haut straffer am Schädel, und das Ek- oder Entropium ist verschwunden.

Teil VI

Erziehung

Bei der Hundeerziehung ist es in erster Linie der Besitzer (oder Hundeführer), der geschult werden muß, die Anlagen des Hundes und dessen Lernbereitschaft so zu nutzen, daß der Hund, vom menschlichen Standpunkt aus gesehen, gehorcht. Der Mensch muß dem Hund, wenn er ihm etwas beibringen will, in geschickter Weise zu verstehen geben, was er tun darf und soll, und was nicht. Dabei muß er zuvor überlegen, wie er vorgehen will. Nur dann ist eine konzentrierte Ausführung durch den Hund möglich. Dazu muß er wissen, daß der Hund die menschliche Sprache nicht versteht, aber durch Verknüpfen des Hörzeichens mit seiner Handlung, werden einige Wörter für ihn zu Signalen. Wenn z.B. ein junger Hund spontan herbei kommt, begleiten wir seine Handlung mit einem bestimmten, sich immer gleich bleibenden Hörzeichen, so etwa mit »komm«. Hat der Hund nach einigen Wiederholungen sein Herbeikommen mit dem gewählten Hörzeichen gedächtnismäßig verknüpft, werden wir durch das »komm«, diese Handlung auch auslösen können. Genau gleich gehen wir beim Üben aller andern erwünschten Handlungen des Hundes vor. Dabei darf ein gebührendes Lob nie vergessen werden, das am wirksamsten kurz nach der Übung erteilt wird. Macht der Hund etwas falsch, reagieren wir mit einem ohne jede Erregung gesprochenen »nein«. Erst danach nehmen wir ruhig, aber bestimmt, die Korrektur vor und beginnen die fehlerhaft ausgeführte Übung wieder von vorn. Geht es darum, eine unerwünschte Handlung zu unterbinden, verwenden wir das scharf gesprochene Hörzeichen »nein«, so etwa, wenn der Hund etwas stehlen will.

Die Erziehung des Welpen beginnt am ersten Tag bei seinem Einzug in seine Menschenfamilie. Dabei lernt er meist rasch, was er tun darf und was nicht, wo er Zugang hat und wo nicht. Nun steht der erste Spaziergang vor der Tür:

Bei den ersten kurzen Quartierrunden geht es vor allem darum, daß der Welpe mit dem Halsband und der Leine, mit der näheren Umgebung seiner neuen Wohnung, aber vor allem mit seinem neuen Partner vertraut wird. Er wird sich möglicherweise zuerst gegen das Leinenlaufen stemmen oder vorauspreschen. Die Einwirkungen des Besitzers sollen zu diesem Zeitpunkt noch gering bleiben. Wir versuchen lediglich, den Welpen zum Mitgehen zu motivieren, indem wir zulaufen und ihn, je nach Situation, mit etwas Schwung nach vorn oder zurückziehen, wobei die Leine nach jeder Einwirkung wieder locker durchhängen soll. Kleine Leckerbissen und eine lobende Stimme muntern ihn auf.

Sobald der Kleine mit der näheren Umgebung seiner Wohnung und vor allem mit seinem Partner vertraut ist, dehnen wir die Spaziergänge langsam aus. Nun ist der Zeitpunkt gekommen, einige Grundübungen zu lernen, die das tägliche Zusammensein und das gegenseitige Verstehen fördern und unterstützen.

Die drei Grundübungen

(gemäß U. Ochsenbein in seinem Buch: ABC für Hundehalter, Müller Verlag, Rüschlikon)

a) Gehen, wenden, anhalten, sitzen
b) Die Bleib-Übung
c) Die Abrufübung, das Herbeikommen

Wenn diese drei Übungen wöchentlich drei bis fünf mal während einigen Minuten gemacht werden, haben wir in relativ kurzer Zeit einen gefreuten, wohlerzogenen Hund,
der nicht an der Leine zieht,
der sich setzt, wenn wir anhalten,
der vor jeder Straßenquerung, vor jedem Ein- und Aussteigen in das Auto zuerst absitzt,
der kommt, wenn wir ihn abrufen,
kurzum, der uns problemlos überall hin begleiten kann.

Zum Üben wählen wir einen verkehrssicheren Ort.

Wichtig ist, daß wir immer ruhig und gelassen bleiben, auch wenn der Hund den gleichen Fehler mehrmals macht. Darüber sollten wir sogar froh sein, denn das beweist uns, daß unser Hund ein selbständiges Wesen ist. Unser Auftrag ist, daß jede Übung sorgfälltig aufgebaut wird, damit sie für dem Hund verständlich wird.

Gehen, Wenden, Anhalten, Setzen

(Bildfolge Seite 73)

Gehen:

a) Der Hund geht immer links vom Führer.
b) Die Leine ist in der rechten Hand und hängt locker durch.
c) Die Gangart von Hund und Führer ist flüssig.
d) Während dieser Übung bleiben wir stumm.

Wenden:

Nach einigen Metern Geradeausgehen, wobei zu beachten ist, daß wir uns immer aufrecht halten, machen wir rechtsumkehrt. Da die Leine rechts gehalten wird, hilft unser Körper bei der Wendung mit, den Hund in die neue Richtung zu ziehen. Die Wendung soll ein Rechtsumkehrt an Ort sein, und nicht bogenförmig gemacht werden. Nach der Wendung soll die Leine wieder locker durchhängen. Auch hier bleiben wir stumm, und beachten den Welpen nicht. Dank seines gut entwickelten Raumgefühls, wird der Welpe schnell begriffen haben, was wir von ihm wollen. Wenn er uns freudig folgt, darf er verbal aufgemuntert werden.

Anhalten, sitzen:

Der Hund folgt uns auf der linken Seite. Nun verlangsamen wir unseren Schritt und heben gleichzeitig mit der linken Hand die Leine senkrecht an. Für den Hund ist das Anheben des Halsbandes nicht ein angenehmes Gefühl, und er wird versuchen, auszuweichen, indem er sich setzt. Zusätzlich können wir mit den Fingerspitzen der freien linken Hand ganz leicht auf die Kruppe des Hundes tippen, um

der Sitzbewegung sanft nachzuhelfen. Während des Sitzvorganges unterstützen wir den Hund verbal und sagen freundlich »Siiitz«, und lassen die noch immer senkrecht nach oben gezogene Leine los. Bald wird der Hund mit dem Anheben der Leine in die Sitzstellung ausweichen, da er die Erfahrung gemacht hat, daß beim Loslassen der gespannten Leine der Zug auf das Halsband aufhört und zugleich mit dem Wort »Sitz« eine Verknüpfung machen. Sobald der Hund sitzt, richten wir uns auf, und warten zwei Sekunden, bis wir ihn loben.

Die Bleib – Übung (Bildfolge Seite 74)

Diese Übung ist der Grundstein zum gegenseitigen Verstehen und zum Vertiefen der Beziehung Mensch – Hund.

Sie bedeutet viel mehr, als nur einen folgsamen Hund zu haben, der dort sitzen bleibt, wo er dazu aufgefordert wurde.

Vor jeder Bleibübung soll die Gehübung gemacht werden; der Hund ist so viel konzentrierter und wird sich für das Neue interessieren.

Ausgangsstellung: Der Hund sitzt an unserer linken Seite, die Leine liegt lose in unserer rechten Hand. Wir stehen gerade aufgerichtet. Die linke Handfläche halten wir über den Kopf des Hundes und sagen gleichzeitig »bleib«. Wir nehmen die Hand sofort wieder zurück und bleiben aufgerichtet während zwei Sekunden stehen.

Nun treten wir entschlossen vor den Hund; dabei schauen wir gerade aus, über den Hund hinweg. (Wir schauen dem Hund nie in die Augen). Nach zwei Sekunden loben wir den Hund: »Brav bleib«.

Nach einer Wartezeit von etwa 30–60 Sekunden halten wir unsere linke Handfläche vor und sagen gleichzeitig »bleib«. Nach zwei Sekunden Wartezeit treten wir entschlossen neben den Hund, bleiben aufgerichtet, mit durchhängender Leine, stehen und loben nach weiteren zwei Sekunden: »Brav bleib«.

Bleibt der Hund während des Ablaufes der Übung nicht sitzen, sagen wir im Moment, wo er den Fehler macht, mit ruhiger Stimme: »Nein«, und beginnen die Übung ganz von vorne. Der Hund wird nur verstehen und seine Handlung mit unserem Befehl verknüpfen können, wenn wir Schritt für Schritt vorgehen. Das bedeutet, daß wir, egal bei welcher Übung, immer in die Ausgangsstellung zurück gehen müssen, sobald er einen Fehler gemacht hat.

Abrufen, herbeikommen

Auch bei dieser Übung gilt für den Besitzer Vorausdenken, vor dem Handeln. Wir wissen inzwischen, daß der Hund zuerst lernen muß, unsere Hörzeichen mit seinen Handlungen zu verknüpfen, wie beim Beispiel »komm« erklärt wurde.

Die Abrufübung

Wenn diese Übung mehrmals durchgeführt, und von Zeit zu Zeit wiederholt wird, werden wir bald einen Hund haben, der auch wirklich kommt, wenn man ihn ruft. Wir machen die Übung auf einem Waldweg oder in einer ähnlichen Situation, die kanalisierend wirkt. Weites, offenes Gelände lenkt den Hund zu sehr ab, und erschwert den Vorgang.

Eine Hilfsperson hält den Hund zurück, während wir uns mit der in der Tasche versorgten, oder umgehängten Leine etwa 30 Meter in gerader Linie vom Hund entfernen.

Nach dieser Distanz halten wir an, drehen uns in Richtung Hund um, schauen ihn aber nicht an, bleiben bewegungslos stehen und zählen dabei auf zwanzig.

Nun rufen wir den Hund einmal mit »komm«, oder »hier«. Die Hilfsperson gibt den Hund frei, der nun auf uns zurennt. Dabei bleiben wir bewegungslos stehen.

Es ist durchaus möglich, daß der Hund neben uns vorbei rennt. Jetzt ist es wichtig, daß wir uns nicht bewegen und den Hund nicht anschauen. Der Hund wird irgendwann zu uns kommen. Dann fassen wir ihn am Halsband und setzen ihn an unsere linke Seite, richten uns auf, warten zwei Sekunden, leinen ihn an, richten uns wieder auf und warten weitere zwei Sekunden, bis wir ihn gebührend loben.

Abrufen ohne Begleitperson

Wir rufen den Hund, wenn er auf uns zukommt, einmal bei seinem Namen und fügen das Hörzeichen »komm« oder »hier« bei, bleiben aufrecht, unbeweglich stehen, bis der Hund bei uns ist. Nun nehmen wir ihn wortlos beim Halsband und setzen ihn an unsere linke Seite und leiten die *Sitzübung* ein: Halsband mit der rechten Hand anheben, mit den Fingerspitzen der linken Hand leicht auf die Kruppe tippen, verbal mit »sitz« unterstützen, bis sich der Hund setzt, unter gleichzeitigem Entlasten des angehobenen Halsbandes.

Nun richten wir uns auf, zählen auf zwei, dann leinen wir den Hund an, richten uns wieder kurz auf – erst jetzt loben wir den Hund.

Diese Anleitungen erscheinen auf Anhieb sehr kompliziert, sind aber Schritt für Schritt so erklärt, um dem Hund die Verknüpfung mit unserem Hörzeichen so leicht wie möglich zu machen. Etwas ganz wichtiges ist das Lob – auch wenn der Hund nicht kommt, und man seiner dann irgend einmal endlich habhaft wird; sobald er bei uns wieder angeleint sitzt, wird er gelobt und *nie ausgescholten.* Das Herbeikommen muß für ihn immer etwas Angenehmes sein. Am Anfang sind Hilfsmittel, wie kleine Leckerbissen eine Hilfe, dürfen aber nur verabreicht werden, wenn der Hund die Übung vollständig gemacht hat, d.h., wenn er wieder an unserer linken Seite sitzt.

Die Abrufübung im Bild

Der Aufbau des Abrufens ist beim Junghund derselbe wie beim erwachsenen Hund, der nicht oder nicht mehr sicher herbeikommt. Es geht darum, so vorzugehen, daß der Hund bald merkt, was wir von ihm verlangen. Unsere Bewegungen und Lautäußerungen müssen dazu eindeutig und klar erfolgen. Denn nach diesen Signalen richtet sich der Hund in seinem Verhalten.

Starkes Gestikulieren und überschwengliches Loben, wie es mancherorts angewandt wird, erregt zwar das Tier, doch damit wird es ihm gleichzeitig schwer gemacht, das Ziel des Abrufens zu erkennen. Und dies ist das Sitzen bei Fuß an der Seite des Besitzers nach einmaligem Ruf.

Wir empfehlen deshalb, das Training des Abrufens so zu beginnen, daß jenes Sitzen neben der Bezugsperson von Anfang an erreicht wird, und daß der Hund erst in dieser Schlußposition gelobt wird.

Bild 1
Eine dem Hund nicht allzuvertraute Person hält ihn zurück, während sich die Besitzerin wortlos entfernt. In einer Distanz von zwanzig bis dreißig Metern wendet sie sich dem Hund zu und verweilt dort bewegungslos und entspannt. Dabei zählt sie langsam bis Zwanzig. Dem Hund ist diese Haltung seiner Meisterin neu, er gerät zunehmend in Spannung.

Bild 2
Der einmalige kurze Ruf der Besitzerin, den sie in völliger Bewegungslosigkeit abgibt, läßt den im gleichen Augenblick freigegebenen Hund zu ihr eilen. Normalerweise kommt er ihr so nahe, daß sie ihn ergreifen kann. Eilt er jedoch an ihr vorbei, bleibt die Besitzerin unverändert stehen (ohne sich nach dem Hund umzuschauen), was die meisten Tiere dazu anregt, zu ihr zurückzukommen.
Falls dies nicht geschieht, entfernt sich die Besitzerin einige Meter, hält an und ruft mit einmaligem Hörzeichen erneut.

Bild 3
In Griffnähe gekommen, wird der Hund am Halsband erfaßt und wie bei der früher beschriebenen Übung des Setzens bei Fuß zum Sitzen gebracht. Auch dieser Vorgang erfolgt immer noch wortlos.

Bild 4
Jetzt richtet sich die Besitzerin auf und entspannt sich. Erst nach einer Pause von mindestens zwei Sekunden beugt sie sich über den Hund und lobt ihn kurz mit »brav-komm«. Auf diese Weise wird der Hund für das sichere Verweilen an der Seite der Besitzerin gelobt, was ja die Schlußposition des Abrufens darstellt. Er sucht sehr bald diese Endposition einzunehmen, wenn er den Ruf »komm« oder »hier« vernimmt, und dies veranlaßt ihn denn auch zum herbeikommen.

Anmerkungen
Beim Spazieren sollte der Hund nur dann gerufen werden, wenn man ihn wirklich gemäß der Abrufübung in Sitzstellung bei Fuß nehmen will.
Ruft man zwischendurch ab, ohne den Hund korrekt herbeizunehmen, vermindert sich die Bedeutung des Vorgangs für den Hund sehr schnell. Das Abrufen wird dann für ihn unklar, und es wirkt nicht mehr zwingend auf ihn.
Will man den Hund beim Spazieren nur darauf aufmerksam machen, wo man sich befindet – etwa wenn er sich etwas weit entfernt hat – rufen wir ihn besser bei seinem Namen und bleiben dabei in Bewegung. Weil das Hörzeichen »komm« immer von der stehenden Person ausgeht, findet im Hund keine Verwechslung mit dem Herbeirufen statt.
Falls der Hund, vor allem der Junghund, für einmal stark abgelenkt ist – etwa im Spiel mit anderen Hunden, oder wenn er konzentriert irgendwo schnüffelt – sollte man ihn nicht rufen, sondern abholen.

Was tun, wenn der Hund nicht kommt?

Wir rufen den Hund ein, höchstens zweimal, und erst dann, wenn er nicht zu sehr durch andere Einflüsse abgelenkt ist. Dabei sagen wir nicht nur seinen Namen, wir fügen immer noch das bestimmte Hörzeichen bei. Wenn wir ihn nur bei seinem Namen rufen, nimmt der Hund das als Bestätigung auf, daß wir ihn gesehen haben und wird sich weiter mit seinem momentanen Tun beschäftigen. Wieso sollte er kommen, wir haben ihm ja gesagt, wo wir sind. Also gilt, je weniger rufen, desto besser – wenn wir aber rufen, müssen wir vom Hund auch die gewünschte Handlung ausführen lassen. Erst dann sind wir für den Hund glaubwürdig und werden als Rudelführer angesehen.

Wenn der Hund auf unser Rufen nicht reagiert, entfernen wir uns in zügiger Gangart in der entgegengesetzten Richtung. Kommt der Hund immer noch nicht, verstecken wir uns hinter dem nächsten Baum. Für uns kann es zum Geduldspiel werden, es lohnt sich aber auf jeden Fall, irgendwann wird der Hund wegen seiner natürlichen Neugierde kommen.

Eine weitere Möglichkeit, dem Hund das Herankommen interessant zu gestalten, wenn kein Versteck da ist: man entfernt sich ebenfalls in der entgegengesetzten Richtung, kauert in einiger Distanz zum Hund nieder, und fängt intensiv an, einen imaginären Gegenstand am Boden zu suchen. Seine Neugier wird die Überhand nehmen, und er wird kommen. Auch hier gilt: *das Lob* nicht vergessen – aber immer erst, wenn der Hund angeleint wieder an unserer linken Seite sitzt.

Wenn wir diese Grundübungen auf dem Hundespaziergang abwechslungsweise einbauen, fordern wir unseren Hund. Ein geforderter Hund ist ein ausgeglichener Begleiter. Wir wollen, daß es unserem Hund gut geht, daß er sich mit uns wohl fühlt. Also, nutzen wir seine Anlagen zugunsten seines und letztlich unseres Wohlbefindens.

Hundesport

Der Labrador eignet sich in hundesportlicher Hinsicht als *Begleithund I + II, Sanitätshund,*

Lawinenhund, Fährten- und Suchhund, Flächensuch- und Katastrophenhund.

Ausbildungsanleitungen für einen sauberen Aufbau in allen hier erwähnten Sparten, findet der Leser im Buch von Urs Ochsenbein: Der neue Weg der Hundeausbildung, A. Müller Verlag, Rüschlikon. Zudem hat es in jeder größeren Ortschaft in der Schweiz kynologische Sektionen der SKG, die mit geschulten Fachkräften die Ausbildung des Hundes fördern.

In Deutschland und Österreich bestehen ähnliche Verhältnisse, der entsprechende Landesverband vermittelt Adressen der Sektionen.

Vor jedem Ein- und Aussteigen wartet der Hund sitzend, bis er zum nächsten Schritt aufgefordert wird (Photo: Milko van Rijn)

Abwechslung auf dem Hundespaziergang (Photo: U. Ochsenbein)

Teil VII

Ausstellungen

Jeder gute Züchter ist bestrebt, mit seiner Zucht dem Rassestandard, der bei der FCI hinterlegt ist, so nahe wie möglich zu kommen, allerdings nie auf Kosten der Gesundheit und der guten, für den Labrador typischen Wesensveranlagung. Um den Gedankenaustausch mit andern Züchtern und Rassespezialisten zu pflegen, wurden vor über 100 Jahren, zuerst in England, später auch auf dem Kontinent und in Amerika, Hundeausstellungen ins Leben gerufen. Auch heute braucht der Züchter das Urteil des Experten. Es ist in erster Linie er, der seine Zuchttiere und ihren Nachwuchs an die Ausstellung bringt. Dem Schönheitsrichter fällt eine ganz wichtige, oft zuchtentscheidende Verantwortung zu. Er ist es, der maßgebend den Weg bestimmt, wohin die Zucht führen soll. Beim Labrador sollte dieses Ziel klar sein: er soll so bleiben, wie er ist, besonders jetzt, wo er zum Modehund geworden ist. Um dieser Aufgabe gerecht zu werden, hat sich der Schönheitsrichter über Jahre auf diese schwierige Aufgabe vorbereitet und wurde zusätzlich in Richterkursen der SKG geschult und geprüft.

Aus verschiedenen Gründen hat der gute Züchter nicht immer die Möglichkeit, vielversprechende Jungtiere zu behalten, und er ist den jeweiligen Besitzern dankbar, wenn diese ihrerseits den Nachwuchs an die Ausstellungen bringen. Der Züchter ist auf die Mitarbeit des Käufers angewiesen, denn erst bei diesem »Miteinander« kann die Qualität seiner Zucht zum Tragen kommen. Sehr oft gibt es auch Hundebesitzer, die aus Spaß und hundesportlichem Interesse ihre Hunde ausstellen. Wenn man die Absicht hat, mit seinem zukünftigen Hund an Ausstellungen zu gehen, tut man gut daran, seinen Welpen bei einem Züchter zu kaufen, wo so nahe wie möglich nach dem Rassestandard gezüchtet wird. Diese Züchter findet man an den Ausstellungen.

Der Sinn der Ausstellung ist auf keinen Fall, um jeden Preis gewinnen zu müssen. Sonst ist der Leidtragende dabei immer der Hund und letztlich die Rasse.

In der Schweiz werden pro Jahr drei bis vier Internationale oder Nationale Ausstellungen für alle Rassen unter dem Patronat der SKG durchgeführt, wo die Anwartschaften und die Verleihung des Titels »Internationaler und Nationaler Schönheitssieger« vergeben werden:

CACIB = Certificat d'aptitude au championnat international de beauté,

CAC = Certificat d'aptitude au championnat.

Zusätzlich führt der RCS (Retrieverclub der Schweiz) seine jährliche Clubschau mit Vergabe des CAC der SKG, sowie neuerdings zwei weiteren CAC-Regionalschauen durch. Informationen über das Wo und Wann bekommt man beim Züchter, beim RCS und der SKG.

Verleihung des Titels *»Schweizer Schönheitssieger«*: Dieser Titel wird durch die SKG an Hunde vergeben, wenn sie drei CAC unter mindestens zwei verschiedenen Richtern an schweizerischen Veranstaltungen erhalten haben, davon mindestens zwei an internationalen Ausstellungen, wobei zwischen dem ersten und dem dritten CAC eine Frist von mindestens zwölf Monaten liegen muß.

Verleihung des Titels *»Internationaler Schönheits-Champion«*: Dieser Titel wird auf Antrag des jeweiligen Landesverbandes durch die FCI homologiert für Hunde, die den Arbeitsprüfungen unterworfen sind, wenn sie zwei CACIB in zwei verschiedenen Ländern, unter zwei verschiedenen Richtern erhalten und dazu eine anerkannte Jagdprüfung mit Erfolg absolviert haben. Eines der beiden CACIB muß im Lande des Wohnsitzes des Eigentümers erlangt worden sein.

In Deutschland und Österreich sind die Verhältnisse ähnlich wie in der Schweiz – für nähere Auskunft wende man sich an die entsprechenden Landesverbände oder Rasseclubs.

Vorbereitungen für die Ausstellung

Mit den Anmeldeformularen erhält der Aussteller ein Programm mit genauen Anleitungen über Klasseneinteilungen, Altersgrenzen, verlangten Schutzimpfungen und der Namen der Richter. Am Ausstellungstag ist er frühzeitig mit seinem versäuberten Hund dort und geht als erstes durch die Veterinärkontrolle. Dazu braucht er den Impfpaß des Hundes und die von der Ausstellungsleitung zugestellten Annahmekarten und Startnummer für den Eintritt. Eine Sicherheitsnadel für die Startnummer, die Vorführleine und ein Frottiertuch sind nicht zu vergessen. An internationalen Ausstellungen werden die Hunde in Boxen untergebracht. Dazu braucht man eine Anbindekette, eine Decke und ein Wassergeschirr. Ein Klappstuhl ist sehr praktisch, denn der Ausstellungstag ist lang und recht ermüdend.

Wo sich der Ausstellungsring befindet, und wann welche Klasse gerichtet wird, und viele weitere wichtige Informationen kann man dann am Ort dem Ausstellungskatalog entnehmen.

Wie führt man seinen Hund vor?

Der Schönheitsrichter will einen sauberen, gepflegten, gut bemuskelten und nicht fetten Labrador in der sogenannten Ausstellungspose sehen. Er wird den frei stehenden Hund begutachten und wird ihn am ganzen Körper abtasten, sein Gebiß kontrollieren und ihn in der Bewegung bewerten. Das »Schönstehen« und das »Zähnezeigen« muß ein Hund zuerst lernen. Man beginnt damit wenn möglich in frühester Jugend.

Nächste Seite:
Oben links: Im Ausstellungsring (Photo: Anne Roslin-Williams)

»Jasper« lernt das »Schön-Stehen« (Photo: U. Ochsenbein)

Ringtraining

Der 1. Schritt:
Man stellt sich vor den stehenden Junghund und krault ihm sanft unter dem Kinn. Er wird das sehr angenehm finden und will noch mehr Streicheleinheiten. Er drängt mit dem Kopf gegen den Besitzer, macht dabei einen langen Hans und bringt seinen Körper so in die richtige Stellung. Dazu sagt man mit einschmeichelnder Stimme immer das gleiche Wort, z.B. »steh schön«. Bald wird der Hund das Hörzeichen mit der Streichelhandlung und dem »Stehen« verknüpfen. Der Richter wird die Zahnstellung kontrollieren. Während man mit der einen Hand unter dem Kinn krault, hebt man ganz sachte mit dem Daumen der andern Hand von Zeit zu Zeit die Lippen des Hundes an, bis der Gebißschluß sichtbar wird. Wenn diese Übung jeden Tag während einigen Minuten gemacht wird, hat man schon halb ausgestellt.

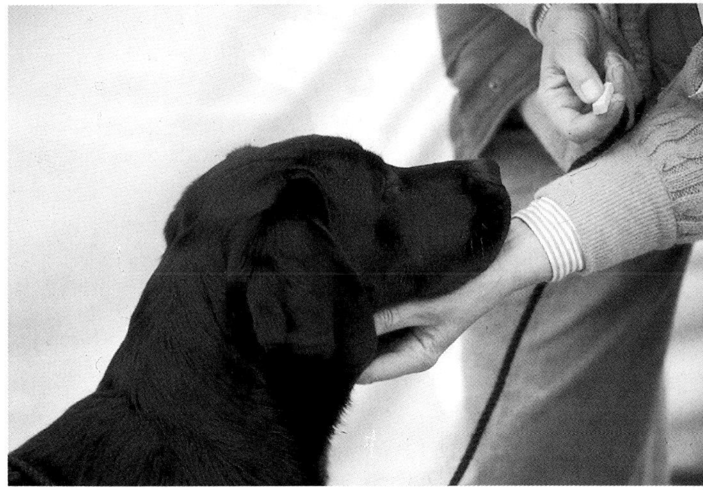
Sanftes Streicheln unter dem Kinn ist eine Hilfe zum Lernen des »Schön-Stehen«...

...und des »Zähne-Zeigens« (Photos: Milko van Rijn)

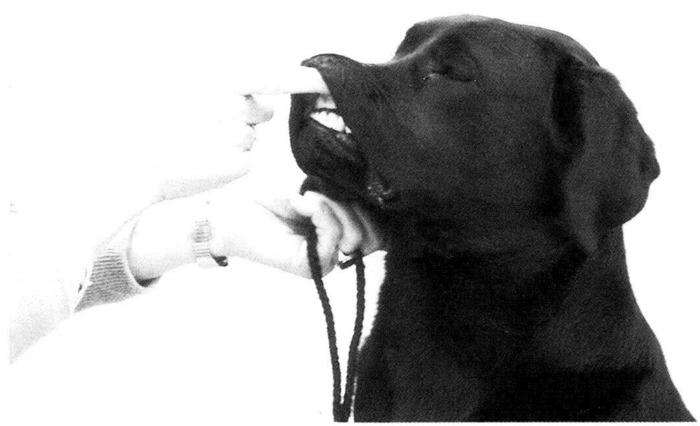

Der 2. Schritt:
Beim Labrador geht die Liebe bekanntlich durch den Magen. Kleine Leckerbissen wie Cervelat- oder getrocknete Leberstücklein packt man in einen Frischhaltebeutel, der bei jeder Berührung vielversprechend raschelt. Nun hält man diesen an Stelle der kraulenden Hand vor die Schnauze des Hundes, und wenn er schön steht, unterstützt man ihn wieder verbal und verabreicht ihm zusätzlich ein Stück vom Sackinhalt. Biskuits und ähnliches eignet sich schlecht, da es Krümmel gibt. Der Hund wird dann unweigerlich am Boden schnüffeln und seine Stellung in negativem Sinn verändern. Der Vorführer soll sich nie

über den Hund beugen, da das vom Hund als Bedrohung aufgefaßt werden könnte, sondern er versucht, in aufrechter Haltung mit durchhängender Vorführleine vor dem Hund zu stehen. Um die Haltung des Hundes zu überprüfen, stellt man sich am besten vor ein bis zum Boden reichendes Fenster oder einen großen Spiegel.

Sobald das »Schönstehen« klappt, läßt man den Hund von einer Zweitperson langsam von Kopf bis Fuß abtasten – dabei soll der Hund stehen bleiben.

Der 3. Schritt:

Der Richter wird, wie gesagt, auch das Gangwerk des Hundes begutachten. Man führt den Hund in gleichmäßigem Trab und grundsätzlich an der linken Seite vor. Auch das sollte man öfters üben, es lohnt sich in jedem Fall, denn ein hochspringender, undisziplinierter Hund ist sehr schwierig zu bewerten.

Im Vorführring

Mit der an gut sichtbarer Stelle (Revers, Gürtel usw.) angehefteten Startnummer stellt man sich mit seinem Hund in numerischer Reihenfolge im Gegenuhrzeigersinn im Ring auf und befolgt die Weisungen des Ringpersonals. Nun gehört die ganze Aufmerksamkeit des Ausstellers, solange er im Ring ist, nur noch seinem Hund und dem Richter.

Sportliches Verhalten

Gewinnen kann immer nur einer, und manchmal schneidet man nicht so gut ab, wie man das erwartet hat. Trotzdem hat man ja den »schönsten Hund«. Richter sind auch nur Menschen und »Schönheit« kann auf verschiedene Weise interpretiert werden. Entäuschung überträgt sich auf den Hund, nur: Er begreift nicht, was er falsch gemacht hat. Die Hauptsache soll das »Mitmachen« sein, und wer weiß, vielleicht klappt es beim nächsten Mal besser.

Teil VIII

Züchten

Züchten ist kein leichtes Unterfangen, und wer dabei eine Geldquelle erwartet, läßt besser die Finger davon. Auch wenn der Tierarzt dem Hündinnenbesitzer empfohlen hat, daß für deren Gesundheit ein Wurf gut wäre, klärt man vorher beim zuständigen Rasseclub, auf einer Ausstellung oder beim Züchter der Hündin ab, ob sie sich überhaupt zur Zucht eignet, denn es sollten nur die besten, dem Rassestandard in hohem Maße entsprechenden Tiere zur Nachzucht eingesetzt werden. Eine Hündin, die nie geworfen hat, kann auch glücklich und gesund leben, da dies weitgehend vom Besitzer abhängt.

Voraussetzungen für einen guten Züchter

Die Voraussetzungen, die ein guter Züchter mitzubringen hat, sind vielschichtig und sollen hier etwas näher beleuchtet werden. An erster Stelle steht sicher die Liebe zur Kreatur, und er muß bereit sein, hie und da, ohne jede Sentimentalität, Opfer zu bringen.

Ein weiterer wichtiger Faktor ist die Zeit. Zeit für die Hündin, Zeit für die Welpen, Zeit für die zukünftigen Besitzer, und Zeit für alle jene Besitzer, die schon einen Hund von ihm haben, und froh für vernünftige Ratschläge sind.

Die Liebe zum Tier endet nicht mit dem Verkauf der Welpen. Ein guter Züchter begleitet ihn und seine Familie ein ganzes Hundeleben lang. Aber auch ein gewisses Maß an Härte muß vorhanden sein, denn der gute Züchter zieht nur gesunde Welpen auf und muß manchmal kränkelnde, ungesunde Welpen in den Hundehimmel schicken. Wenn dieser schwierige Schritt getan ist, kann man sehr oft beobachten, wie Ruhe im Wurf einkehrt und die restlichen Welpen zu gesunden, widerstandsfähigen Junghunden heran wachsen dürfen.

Die Verantwortung des Züchters

Der Züchter soll sich als »Fürsprecher« seiner Zöglinge sehen, denn er hat den Wurf geplant. Er trägt die Verantwortung dem Tier gegenüber.

Eines der Hauptkriterien ist dabei sicher die Auswahl der zukünftigen Besitzer seiner Welpen, denn schon damit wird über deren weiteres Schicksal entschieden. Diese Phase ist eine der schwierigsten im Züchteralltag, denn in der heutigen Zeit des Wohlstandes und des Luxus gehört es oft zum guten Ton, sich auch einen Hund zu leisten. Dabei wird oft zu schnell gehandelt – ohne die geringste Ahnung von den Bedürfnissen, die ein Tier nun einfach einmal hat.

Der Züchter muß auch Nein sagen können, wenn er das Gefühl hat, daß der zukünftige Besitzer seinem Welpen kein hundegerechtes Dasein bieten kann. Es geschieht leider immer wieder, daß trotz aller Vorsicht ein Irrtum passiert. Nach einigen Wochen kommt dann ein verhaltensgestörter Junghund zurück als ein weiteres Opfer der heutigen Wegwerfgesellschaft.

Dabei lernt der Züchter allerlei Menschen kennen – macht negative, aber auch viel positive Erfahrungen. Manch' nette Freundschaft ist schon via Hund entstanden. Die positiven Aspekte lassen mit der Zeit das Negative verblassen und ermutigen den Züchter in seinem Bestreben, gute Hunde zu züchten, weiterzufahren.

Der gute Züchter kennt seine Zuchtlinien und verfolgt die Entwicklung seiner Zuchttiere. Dabei berücksichtigt er alle wichtigen, rassespezifischen Punkte, die im Standard gegeben sind. Er hat fundierte Kenntnisse der Entstehung und der Entwicklungsgeschichte der Rasse und legt daher legt größtes Gewicht auf das Aussehen und die Wesensgrundlagen mit all' ihren Instinkten und Trieben – trägt ihnen in seinem Zuchtprogramm Rechnung und behält nur die besten Tiere zur Nachzucht. Er achtet darauf, daß die Linien der Ahnen zusammen passen. Er nimmt also nicht einfach eine Hündin und einen Rüden und macht einen Wurf, sondern er kennt die Rasse und deren Ursprungsgeschichte gut. Er hat auch fundierte Kenntnisse in Genetik, denn die Vererbung spielt bei der Zucht eine wesentliche Rolle.

Die Zuchtzulassung

Bevor mit einem Labrador gezüchtet werden kann, muß er je nach Land und Zuchtreglement des Rasseklubs, (in der Schweiz des RCS, in Deutschland der DRC und in Österreich Der Verein zur Züchtung der Retrieverhunde) von dessen Zuchtkommission begutachtet werden, bevor er eine Zuchtzulassung (Körschein) erhält. Eine Ankörung besteht aus einer Wesensprüfung, die im Alter zwischen sechs bis vierundzwanzig Monaten gemacht wird, einer Formwertbeurteilung und dem von einer offiziellen Stelle ausgewerteten Hüftgelenksattests. In der Schweiz sind es die Tierspitäler Zürich und Bern. Beim Verfassen dieses Textes besteht beim Retrieverclub Schweiz für die Wesensprüfung und den Formwert kein Obligatorium. Es ist aber dringend zu empfehlen, das zukünftige Zuchttier von einem anerkannten Schönheitsrichter z. B. an einer Ausstellung oder an einer Ankörung des Rasseclubs begutachten zu lassen.

Der Deckrüde

Für die Zucht stehen nur wenige Rüden, die dem Rassestandard sehr nahe kommen, und deren Nachkommen den hohen Erwartungen der Zuchtverantwortlichen entsprechen, zur Verfügung. Auch hier ist es mit dem schnellen Geldmachen nicht getan. Die Verantwortung der Zucht gegenüber verlangt Opfer und Einsatz und viel Zeit vom Deckrüdenhalter. Zudem sollte er über die Physiologie des Deckrüden, der Zuchthündin und des Deckvorganges Bescheid wissen. Normalerweise kommt

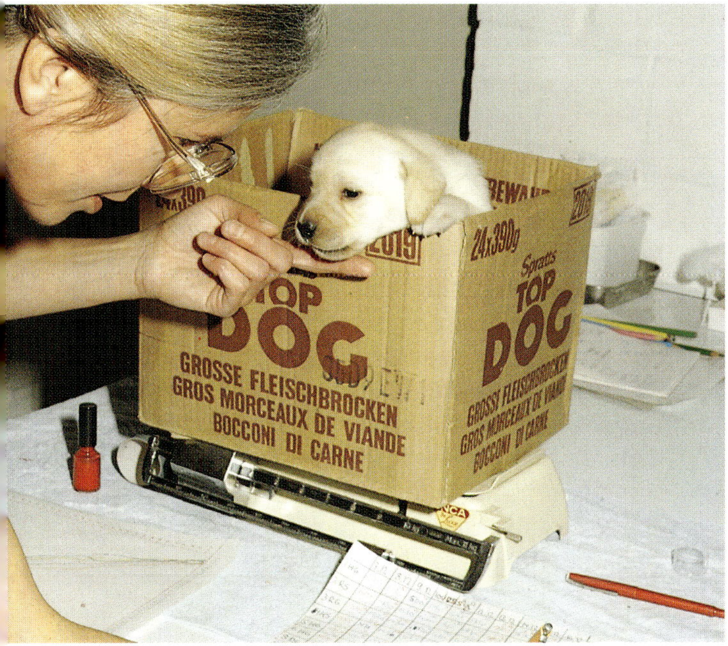

Die tägliche Gewichtskontrolle

Die erste Mahlzeit aus der Schüssel

Erster hautnaher Kontakt mit dem zukünftigen Besitzer
(Photos: U. Ochsenbein)

die Hündin zum Deckrüden. Wird für den vorgesehenen Deckvorgang immer der gleiche, für diese Tätigkeit geeignete Ort benutzt, weiß der Rüde nach ein bis zwei Deckakten jeweils sofort, was von ihm erwartet wird, wenn ihm dort die läufige Hündin zugeführt wird.

Ein ganz wichtiger Aspekt ist, wie Eingangs schon erwähnt, der Faktor Zeit. Unerfahrene Hündinnenbesitzer kommen meistens viel zu früh zum Rüden. Oft dauert es noch zwei bis drei Tage, bis die Hündin deckbereit ist. Hier ist viel Fingerspitzengefühl nötig, denn der Hündinnenbesitzer erwartet immer einen erfolgreichen Deckakt. Aber es darf niemals vergessen werden, daß es sich auch bei Labradors um Lebewesen handelt, und daß die Natur hie und da immer noch selber bestimmt. Nach vollzogenem Deckakt ist es üblich, daß die notwendigen Formulare ausgefüllt, und von beiden Besitzern unterschrieben werden, und daß die Decktaxe bezahlt wird. In der Regel stellt der Deckrüdenbesitzer den Rüden für einen weiteren Deckakt nach vierundzwanzig bis sechsunddreißig Stunden zur Verfügung. Sollte eine Hündin leer bleiben, ist es üblich, aber nicht zwingend, daß die Hündin bei der nächsten Hitze kostenlos dem Rüden nochmals zugeführt werden kann.

Die Zuchthündin

Der Labrador ist eher ein langsamer Entwickler. Man soll der Hündin genügend Zeit lassen, bis man einen Wurf plant. In der Regel ist sie im Alter von zwei Jahren soweit, wobei sie mindestens zwei Läufigkeiten durchgemacht haben sollte, die sie zum Entwickeln ihrer für die Geburt und Aufzucht nötigen Instinkte unbedingt braucht. Die Hitze dauert in der Regel 3 Wochen. Bei jeder zukünftigen Zuchthündin wird jede Hitze und ihr Verhalten genau beobachtet und darüber Buch geführt. Das erleichtert die Berechnung des Decktermins. Zudem ist die heutige Veterinärmedizin in der Lage, die Zeit der Deckbereitschaft ziemlich genau festzustellen. Ein Wurf ist eine wichtige Angelegenheit und muß gut geplant sein. Das schließt die Auswahl des zur Hündin passenden Deckrüden mit ein. Man nimmt mit dem Deckrüdenbesitzer lange vor der Hitze der Hündin Kontakt auf, denn auch er muß planen können. Es könnte ja sein, daß noch andere Hündinnen angemeldet sind. Spätestens am ersten Läufigkeitstag vereinbart man mit dem Deckrüdenbesitzer das ungefähre Datum und die Zeit für den vorgesehenen Deckakt. Auf dem Weg zum Rüden, läßt man die Hündin noch ausgiebig versäubern. Es gehört sich nicht, die nähere Umgebung des Wohnortes des Rüden und damit den Rüden selber mit den noch tagelang duftenden Brunftgerüchen der Hündin zu belasten. Beim Rüdenbesitzer angekommen, läßt man die Hündin im Auto und richtet sich nach seinen Anweisungen. Der Hündinnenbesitzer bringt die nötigen Zuchtformulare, die er beim Landesverband oder beim Spezialclub beziehen kann, mit.

Die biologischen Vorgänge der Läufigkeit, des Deckaktes, der Schwangerschaft, der Geburt und schließlich der Aufzucht des Wurfes sind viel zu komplex und können unmöglich in einigen Sätzen erläutert werden – die Verfasserin verweist deshalb auf die bewährten Werke: Brevier neuzeitlicher Hundezucht von Dr. h. c. Hans Räber, und The book of the bitch, von Dr. med. vet. J. M. Evans und Kay White.

Aufzuchtbedingungen

Für das spätere Verhalten des Hundes ist es von größter Bedeutung, daß er im jüngsten Welpenalter artgerecht gehalten wurde. Dazu braucht es eine geräumige, gut isolierte Wurfkiste, die ihren Platz in einem hellen, beheizbaren, gut zu durchlüftenden Raum haben sollte. Sie soll in einer ruhigen Ecke stehen, denn die ersten drei Wochen eines Wurfes stehen im Zeichen von Ruhe und Geborgenheit. Sobald sich aber Ohren und Augen der Welpen öffnen, ändert sich die Situation. Durch die tägliche Pflege – Reinigung des Lagers, Vitalitätsprüfung und Gewichtskontrolle – gewöhnen sich die Welpen vom ersten Lebenstag an an den menschlichen Geruch und das Angefaßtwerden. Das macht sie auch mit den Geräuschen der näheren Umgebung vertraut. Etwa von der vierten Lebenswoche an wird die Wurfkiste zu eng, es wird gespielt, herumgetollt und gekämpft – und die Mutterhündin will nicht mehr Tag und Nacht mit den Welpen verbringen. Eine gute Infrastruktur erleichtert die Arbeit des Züchters und trägt viel zur optimalen Entwicklung der Welpen bei. Sie besteht aus viel Auslauf mit unterschiedlichen Bodenbeschaffenheiten und einer geräumigen, gut isolierten, wind- und wettergeschützten Unterkunft – alles sicher umzäunt. Ein leicht zu reinigender Ort, bestimmt für Kot- und Harnabsatz wird bald von den Welpen aufgesucht. Dadurch wird Sauberkeit im Gehege erreicht und der Grundstein zur späteren Stubenreinheit gesetzt. In diesem Alter ist die Lernbereitschaft der Welpen erwacht. Für den Züchter beginnt die sehr viel Zeit beanspruchende Vorbereitung der Welpen für das Leben in einer hochtechnisierten Welt. Er organisiert viele Besuche, konfrontiert die Welpen mit viel Alltagslärm, wie Staubsauger, Küchengeräte, Radio und was da sonst noch alles tönt. Nach erfolgter erster Schutzimpfung gewöhnt er sie ans Autofahren – kombiniert mit kleinen Spaziergängen in Wald und Feld. Daß bei all diesen Unterfangen die Mutterhündin dabei ist, sollte selbstverständlich sein, denn sie leistet einen ganz wichtigen Beitrag im Sozialisierungsprogramm der Welpen. Mit ihr lernen sie den hündischen »Knigge«, der es ihnen später bei Begegnungen mit Artgenossen leicht macht, sich entsprechend zu benehmen.

Welpen, die auf diese Weise aufwachsen dürfen, entwickeln in einer für sie ganz wichtigen Lebensphase ein gutes Nervenkostüm. Mit all diesen Erfahrungen bestückt, werden sie sich viel leichter in der neuen Umgebung bei der Ersatzmeute, dem neuen Besitzer, integrieren.

Dies bedeutet einen optimalen Start für eine zehn bis fünfzehnjährige, in jeder Beziehung bereichernde Gemeinschaft zwischen Mensch und Tier.

Teil IX

Der Labrador als Jagdgebrauchshund

Das Großbritannien des 19. Jahrhunderts war das Land der großen Landgüter – ideale Voraussetzungen für die Jagd – es entstanden Fieldtrials (Jagdgebrauchsprüfungen) für Setter, Pointer und Spaniels.

Dank ihrer spezifischen Jagdanlagen für den Einsatz nach dem Schuß wurden die Retriever um die Jahrhundertwende sehr populär – Retriever-Fieldtrials waren die Folge. Die Fieldtrials sind in ihrem Ablauf der natürlichen Jagd in Form von Treibjagden so nah wie möglich angepaßt. Die einzelnen Triebe (drive) bestehen aus einer Linie, die sich aus 2 unangeleinten Hunden pro Richter (2–3 Richter sind in einem Trial die Regel), ihren Führern, mind. 1 Flinte pro Richter, dem Prüfungsleiter und seinen Helfern zusammensetzt. Die Line bewegt sich langsam durch das Gelände (walk up) und stoppt bei jedem Schuß, damit der vom Richter zu bestimmende Hund die Beute, meist Federwild, seltener Haarwild, so schnell wie möglich und ohne diese mit einem harten Zugriff zu verletzen, apportiert. Ein weiches Maul (soft mouth) ist Voraussetzung und eines der wichtigsten Charakteristika des Retrievers. Der Ablauf von Field-Trials obliegt einer genauen Reglementierung durch den Kennelclub, wobei heute Regeln, die schon in den ersten Trials vor mehr als 90 Jahren entstanden, immer noch zur Anwendung kommen. Die Anforderungen an die Hunde für solche Prüfungen sind sehr hoch und werden nach einem Punktesystem bewertet.

Pluspunkte:
Suchfreude, Nase, Jagdpassion (natural gamefinding ability),
Gutes Auge, Beobachtungsgabe (marking),
Standruhe, in jeder Situation unangeleint bei Fuß bleiben (steadiness) und nie unaufgefordert hineinrennen (run in),
Führigkeit, Ausdauer, Stil,
schnell, wendig, geschickt und sorgfältig beim Apportieren von Wild,
Apportier- und Bringfreude.
Wasserfreudigkeit.

Fehler:
Unruhe, Unaufmerksamkeit
mangelhaftes »marking«
knautschen (mouthing)
mangelhafter Appell
lautes Benehmen des Hundeführers

Eliminationsgründe:
Ein hartes Maul (hard mouth), das das Wild verletzt,
Winseln oder Bellen,
Außer Kontrolle des Führers,
Wasserscheuheit (Verweigerung ins Wasser zu gehen),

Verweigerung des Apportieren,
Beutewechsel während des Apportierens,
ohne Aufforderung reinrennen
Agressivität gegenüber Menschen oder Hunden

Als Jagdgebrauchshund findet der Labrador auf den großen Jagden tagelange Einsätze zum Apportieren von Vogelwild. Dank seiner Robustheit, Zuverlässigkeit und Unkompliziertheit ist er der geschätzte und unentbehrliche Helfer bei solchen Anlässen. Für jeden Hundeführer ist es eine große Ehre, wenn er mit seinem Hund zur Teilnahme (to pick up) eingeladen wird.

In der *Schweiz, Deutschland* und *Österreich* erfreut sich der Retriever immer größe-

Ch. Int. Starlette de la Longe Coca (Photo: Schaad)

Englisches Fieldtrial, »Championship 1987 Sandringham«, Gastgeberin war Ihre Majestät, Königin Elisabeth II. von England, die oberste Schirmherrin des »Labrador Retriever Club« (Photo: V. Ommerli-Hofer)

rer Beliebtheit bei der Jägerschaft. Mit der Verstädterung und Industrialisierung und dem Ausbau der Straßennetze wurden auch die ehemals großen Jagdreviere und ihre Art der Bejagung betroffen. Die jagdlichen Eigenschaften des Retrievers für den Einsatz nach dem Schuß, sind daher in der heutigen Situation bei uns ideal. Er eignet sich auch in hervorragender Weise für die Wasserjagd und als Schweißhund.

Wer mit seinem zukünftigen Begleiter jagdlich arbeiten will, wendet sich mit Vorteil an einen Züchter, der seine Zuchttiere ebenfalls jagdlich führt und bei der Wahl der Zuchtpartner die Arbeitsanlagen sorgfältig berücksichtigt.

Basisübungen für den späteren Jagdgebrauch:

Fördern des Bringtriebes: Der Welpe wird bei seinem neuen Besitzer von der ersten Minute an alle möglichen und unmöglichen Gegenstände in den Fang nehmen. Jetzt ist es wichtig, daß man alles, was der Welpe bringt, lobend entgegen nimmt, damit er so schnell wie möglich die Verknüpfung macht, daß er alles, was er aufnimmt, auch wieder geben muß (Teamwork Hund – Mensch). Dabei ist es äußerst wichtig, daß wir den apportierten Gegenstand sanft entgegen nehmen, denn es ist unbedingt zu verhindern, daß sich ein »hartes Maul« entwickeln könnte. Urs Ochsenbein behandelt in seinem Buch »Der neue Weg der Hundeausbildung«, erschienen im Albert Müller Verlag Rüschlikon, die Grundlagen und den Aufbau des Apportierens sehr genau. Seine Methode ist auch für die Ausbildung des zukünftigen Jagdgebrauchshundes zu empfehlen. Wichtig ist, daß der Junghund nie überfordert wird, und daß in seinen ersten Lebensmonaten die ersten Übungen nur spielerisch und nie mit Druck gemacht werden sollten.

Susan Scales empfiehlt für den Anfang einen weichen Gegenstand wie Handschuhe, Socken und ähnliches, aber nie ein Spielzeug des Welpen. Man wirft den Gegenstand einige Meter weg – der Welpe wird fast sicher nachrennen, ihn aufnehmen und wieder zu uns zurückkommen. Bevor nun der Gegenstand dem Welpen abgenommen wird, lobt man ihn für das Herankommen, streichelt ihn und nimmt ihm den Gegenstand erst dann sanft aus dem Fang. Wenn der Welpe nicht sofort kommt, gibt es mehrere Möglichkeiten. Man kann wegrennen, oder sich auf den Boden setzen oder legen, usw.

Welche Methode auch immer angewendet wird, ist individuell, das Ziel aber sollte immer die Apportierfreude im Zusammenspiel Mensch – Hund sein. Es sollten pro Tag nie mehr als 2–3 Übungen gemacht werden, wobei zu beachten ist, daß die Letzte immer ein Erfolg sein sollte. Später kann man den weichen Gegenstand mit einem »Dummy«, einem weichen Sack aus Canvas, ersetzen. Dieses Apportiergerät, englischer Herkunft, kann man beim Spezialclub beziehen.

Die meisten englischen Ausbildner empfehlen mit dem gezielten jagdlich ausgerichteten Training nicht vor dem achten, neunten Lebensmonat zu beginnen, wobei der Hund als Bedingung bereits einen zuverlässigen Gehorsam zeigen sollte.

Wenn der Hund diese Stufe erreicht hat, wendet man sich an die Spezialclubs in der Schweiz, Deutschland oder Österreich, die regelmäßig Jagdtrainings und Prüfungen durchführen. Dort werden »marking und steadiness« in Form eines »walk up«, was der »line« eines Fieldtrials angepaßt ist, im Beisein von Fachleuten geübt, wobei dem korrekten Ausführen des »retrieve«, zuerst mit dem »Dummy«, später mit kaltem Wild, zuerst ohne Schuß, später mit Schuß, viel Beachtung geschenkt wird. Der Hund lernt systematisch nach der Pfeife zu arbeiten, damit er auch auf Distanz eingewiesen werden kann.

Der Bringtrieb ist ausgeprägt vorhanden, keiner zu klein...
(Photo: U. Ochsenbein)

...und wird beim Junghund spielerisch gefördert...
(Photo: U. Ochsenbein)

...bis zur Vollendung im Jagdgebrauch
(Photo: V. Ommerli-Hofer)

Rechts: Retrievertraining: Beim »Walk up«. Der »Dummy« wurde ausgeworfen, alle Hunde warten gespannt auf die Aufforderung zum Apportieren, alle zeigen »Steadiness«
(Photo: U. Ochsenbein)

»Butch« wurde aufgefordert, die andern sind »steady«
(Photo: U. Ochsenbein)

Englisches Fieldtrial: Die »Line« ist zum nächsten »Walk up« bereit (Photo: P. Dick)

Jagdsport

SCHWEIZ:

Der Retrieverclub Schweiz führt regelmäßig jagdsportliche Übungen und Jagdprüfungen nach seinem Reglement der Jagdprüfungen für Retriever in verschiedenen Regionen unseres Landes durch.

Die Minimalanforderung zur Teilnahme an jagdlichen Übungen sind ein guter Gehorsam, Wasserfreude und korrektes Apportieren.

Field Trial A
Diese Prüfung wird in Form einer Treibjagd abgehalten und kann aus jagdtechnischen Gründen nur im Ausland durchgeführt werden. Das Wild ist warm, d.h. es wird während des Triebes geschossen. Diese Prüfungen stehen unter dem Patronat der FCI, dabei wird das CACIT vergeben.

Apportierprüfung B
In dieser Prüfung wird mit kaltem Feder- und Haarwild gearbeitet. Ein Hund kann in dieser Klasse starten, wenn er in einer Prüfung C mit »vorzüglich«, oder anläßlich eines ausländischen Field Trial A mit »sehr gut« bewertet wurde. In dieser Klasse kann der Schweizerische Arbeittitel, CACT vergeben werden.

Apportierprüfung C
In dieser Prüfung wird mit kaltem (totem) Federwild gearbeitet. Eine Qualifikation »sehr gut« berechtigt, den Hund an Ausstellungen in der Arbeitsklasse zu melden.

Schweißprüfung (Übernachtfährte)
Der Labrador eignet sich sehr gut zur Nachsuche im Jagdgebrauch. Die Schweißprüfung kann innerhalb einer Jagdgesellschaft, die der TKJ (Technische Kommission für das Jagdhundewesen) angeschlossen ist, durchgeführt werden.

Schweißarbeit. Vor der Nachsuche wartet der Hund ruhig, während sein Führer den verbrochenen Anschuß begutachtet.

DEUTSCHLAND:

Der DRC führt drei Spezial-Leistungsprüfungen durch:
Bringleistungsprüfung (BLP/R)
Jagdgebrauchsprüfung für Retriever (JGP/R)
Dr.-Heraeusprüfung (Spezial-Jagdgebrauchsprüfung für Retriever)
Bringtreueprüfung, Verlorenbringprüfung und Verbandsschweißprüfung werden nach den Richtlinien des Deutschen Jagdgebrauchshundeverbandes durchgeführt.

ÖSTERREICH:

Der Verein zur Züchtung der Retrieverhunde führt drei Spezialleistungsprüfungen durch:
Bringleistungsprüfung
Vollgebrauchsprüfung für Retriever
Field Trial A.
Für Ausbildungsmöglichkeiten in Deutschland und Österreich wende man sich an die entsprechende Landesgruppe oder an die Hauptgeschäftsstelle des Rasseclubs.

Der als Schweißhund abgeführte Labrador arbeitet die Wundfährte konzentriert am langen Riemen.
(Photos: Milko van Rijn)

Teil X

Der Labrador als Helfer des Menschen

Es ist vor allem die ausgeprägte Suchfreude des Labrador-Retrievers, die ihn auf verschiedenen Gebieten zum Helfer des Menschen werden ließ. Hinzu kommt sein Spieltrieb und seine Belastbarkeit, die es ermöglicht, von ihm eine sehr exakte Gehorsamsleistung zu verlangen, ohne daß er in seiner Leistungsfähigkeit nachläßt oder an seiner fröhlichen Wesensart Schaden nimmt.

Was ein vom Züchter fachgerecht aufgezogener und vom Besitzer richtig behandelter Labrador zu leisten vermag, sei an einem Beispiel verdeutlicht.

Vom Hundesport zum Rettungshund

Die Hündin *Bessi* wurde am 1. Februar 1976 geboren. Sie stammte aus einer Schweizerzucht und hieß eigentlich »Baronesse de la Long-Coca«. Mit zehn Wochen wurde sie von der Hundeführerin Monica Wieland übernommen und schon früh zu einem zuverlässigen Sporthund ausgebildet. Mit eineinhalb Jahren bestand sie ihre erste Grundprüfung, und mit zwei Jahren debütierte sie mit Erfolg als Katastrophenhund, wobei die schweizerische Form der Rettungshundeprüfung sehr hohe Ansprüche stellt. Ebenfalls mit der Qualifikation »Vorzüglich« legte sie drei Monate später die Fährtenprüfung ab, die sie in der Folge während fünf weiteren Jahren ausnahmslos bestand. Als Lawinenhündin im Sportbereich bewährte sie sich im Alter von drei Jahren erstmals, und einige Monate später legte sie ihre erste Suchhundprüfung mit der Höchstnote ab. In dieser schwierigen Sparte war sie besonders erfolgreich, bestand sie doch acht Suchhundprüfungen, davon siebenmal mit der Höchstnote. Ausgezeichnet mit der Medaille der Schweizerischen Kynologischen Gesellschaft SKG für besondere Arbeitsleistungen wurde sie als Katastrophenhündin (1979), als Fährtenhündin (1980) und als Suchhündin (1981).

Dank dieser überdurchschnittlichen Karriere im Hundesport war sie gut vorbereitet für ihre ebenso bemerkenswerte Laufbahn als Rettungshund. Den Test zur Einsatzfähigkeit bei der Trümmersuche legte sie 1978 ab und blieb bis 1988 auf der Liste der einsatzfähigen Katastrophenhunde. In dieser Zeit arbeitete sie erfolgreich bei den Erdbebenkatastrophen von Kotor (Jugoslawien) 1979, Salerno (Süditalien) 1980, Horasan (Ost-Türkei) 1983 und Mexiko City 1985.

Monika Wieland bildete mit ihrer Bessi auch ein einsatzfähiges Flächensuch-Team (Vermißtensuche) und nahm an mehreren Einsätzen in der Schweiz teil.

Bei all diesem zum Teil strapaziösen Ausbildungs- und Einsatzgeschehen blieb Bessi bis ins Alter eine muntere Familienhündin, die weder den Katzen noch den Enten und Gänsen im Garten ihrer Besitzerin je etwas zuleide tat. Mit großer Selbstverständlichkeit bewachte sie außerdem Haus und Hof.
Im Alter von vierzehn Jahren starb mit ihr wohl eine der vielseitigsten und in Sport wie Einsatz meistgeprüften Hündinnen ihrer Rasse. Da jedoch ein Arbeitshund nur so gut sein kann, wie es ihm der menschliche Partner im Team aufgrund seiner Kenntnisse und Ausdauer erlaubt, sei hier auch die Leistung ihrer Führerin als außerordentlich hervorgehoben.

Der Labrador im Polizeidienst

Polizeihundeführer Peter Bachmann lobt seine Drogenspürhündin für die erfolgreiche Arbeit.

Es ist die Suchintensität, verbunden mit dem ausgeprägten Spieltrieb, was den Labrador-Retriever zu einem der meistverwendeten Drogenspürhunde macht. Das nicht aus der Welt zu schaffende Gerücht, daß die Hunde süchtig gemacht würden, entbehrt natürlich jeder Grundlage. Im reinen Spiel wird der Drogenspürhund auf die Suche nach einem bestimmten Geruch trainiert. Ein großer Vorteil dieser Rasse im Drogeneinsatz ist ihre Unbefangenheit gegenüber Fremdpersonen und deren Verhalten. Wenn andere Gebrauchshunde in einer Atmosphäre der Feindseligkeit bald einmal aggressiv gestimmt sind, worunter ihre Suchintensität leidet, gibt sich der Labrador immer noch voll und ganz seiner Sucharbeit hin. Ein gutes Beispiel dafür ist der folgende Bericht über den Einsatz in einer des Drogenhandels verdächtigten Wohngemeinschaft.

Peter Bachmann von der Kantonspolizei Zürich suchte mit der Labrador-Hündin *Tessa* jene Wohnung in Anwesenheit der Mieter ab. Es fiel ihm zwar auf, daß *Tessa* sich mehrmals in der Küche am Abfallkübel zu schaffen machte. Doch er rief sie immer weg, weil er die Naschhaftigkeit seiner Hündin – eine Untugend, die manchem Labrador anhaftet – zur Genüge kannte. Als er nach geraumer Zeit die Suche unverrichteter Dinge einstellte und eben das Haus verlassen hatte, erinnerte sich der erfahrene Polizeihundeführer jener unterbrochenen Schnüffeleien am Abfallkübel. Kurz entschlossen ging er in die Wohnung zurück und überraschte die Mieter dabei, wie sie eben aus den Abfällen ein Paket herausfischten. Es enthielt die gesuchten Drogen.

Linke Seite: Bei der Fährtenarbeit im Hundesport holte sich *Bessi* ihre überdurchschnittliche Ausdauer bei der Sucharbeit, die sie für den Einsatz als Rettungshund benötigte.

Belohnung nach guter Leistung. Das Verhältnis zwischen Führer(in) und Hund vertieft sich bei der hundesportlichen Betätigung.

Beim Einsatz zur Trümmersuche.

Diese wahre Geschichte zeigt mit aller Deutlichkeit, wie Hund und Mensch nur als ein aufeinander abgestimmtes und sich ergänzendes Team erfolgreich sein können. Dies gilt für Suchhunde wie für Rettungshunde.

Mit Schnee und Eis vertraut

Der Labrador eignet sich dank seiner Suchintensität und Robustheit ganz vorzüglich zum Lawinenhund. Schon seit Jahren arbeiten einige Rüden und Hündinnen dieser Rasse im Sportbereich dieser Ausbildungs-Sparte, wo in der Schweiz alljährlich mehrere anspruchsvolle Prüfungen stattfinden. Inzwischen hat ihre dabei erwiesene Leistungsfähigkeit bewirkt, daß nun auch im Einsatzbereich, der vom Schweizerischen Alpenclub SAC betreut wird, einige Labrador Retriever Verwendung finden.

Im Schnee fühlen sich die meisten Hunde angeregt, so in hohem Maße auch der Labrador. Die Ausbildung beginnt mit dem Anzeigen des im Schnee begrabenen Führers. Hierbei scharrt sich ein Labrador mit Temperament und Kraft durchs weiße Element, bis er in die Höhlung vordringt. Kaum kann man sich dann seiner stürmischen Begrüßung erwehren.

Diese Lust an der Arbeit verläßt den Labrador auch dann nicht, wenn er Fremdpersonen aufzuspüren hat. Im Einsatz erweist er sich auch in einer Schlechtwetterlage als sicher, zuverlässig und ausdauernd. Es haftet ihm bei der Arbeit im Schnee etwas Kämpferisches an, wobei er jedoch stets äußerst verträglich bleibt.

Sicherer Führer blinder Menschen

England, genau gesagt das United Kingdom, ist die Hochburg des Blindenführhundewesens. Acht Schulen bestehen dort und jede bildet pro Jahr einhundert Führhunde aus. Die zentrale Zuchtstätte produziert jährlich die dazu benötigten achthundert Welpen, wovon fast die Hälfte Labrador Retriever sind. Zusätzlich werden Golden Retriever und Deutsche Schäferhunde gezüchtet.

In ähnlicher Weise arbeitet auch die Schule von San Rafael in Kalifornien, während weitere Schulen in den USA fast ausschließlich Labrador Retriever verwenden.

Das Hauptproblem bei der Ausbildung des Blindenhundes liegt im Umstand, daß dieser

Links: Auch in der Freizeit vermittelt der Führhund seinem Meister und seiner Meisterin Selbständigkeit und Mobilität.

Links oben: Der Handelsreisende Gloor auf der Verkaufs-Tour, sicher geführt von seinem *Ben.*

Der schweizer Pionier im Blindenführhundewesen, Walter Rupp, mit seiner Equipe von Ausbildern und Junghunde-Trainerinnen. Fünf Labrador Retriever sind dabei.

Heikle Arbeit an der Treppe.

Helfer des Menschen nicht mit seinem leistungsfähigsten Sinnesorgan, nämlich mit Nase und Riechhirn zu arbeiten hat, sondern mit dem Auge. Dank seiner Anpassungsfähigkeit gelingt dies dem Labrador ausgezeichnet, wenn er auch zu Anfang oft Mühe hat, anfallende geruchliche Eindrücke zu ignorieren. Natürlich ist bei diesem Hundeberuf die hohe Verträglichkeit des Labradors gegenüber Fremdpersonen erwünscht, und doch ergeben sich daraus ab und zu Schwierigkeiten, besonders wenn die Kontaktfreude geradezu in Leutseligkeit ausartet.
Aber hierfür sind vor allem jene uneinsichtigen Passanten verantwortlich, die sich ohne Rücksichtnahme auf den geführten Blinden dem Hund zuwenden, ihn überschwenglich begrüßen, tätscheln oder ihm gar einen Leckerbissen reichen. So kann eine der erfreulichsten Eigenschaft dieser Rasse auch hie und da zu echten Problemen führen. Doch kann dem durch klares Verhalten des Blinden und notfalls mit einer Nachschulung in der Regel entgegengwirkt werden.

Eine weitere hervorragende Verhaltensweise hat vermutlich dem Labrador zu seiner führenden Position im Blindenführhundewesen verholfen. Es ist dies seine hohe Empfindsamkeit für Stimmungen und Gefühle des menschlichen Partners. Der Blinde ist ja mit seinem Hund bei der Arbeit über den Führbügel verbunden. Einerseits nimmt er mit der Hand, die den Bügel hält, alle Reaktionen des Hundes in bezug auf das Umweltgeschehen auf. Andererseits wirkt er auch mit Hand und Bügel auf das Tier ein. Auf diese Induktionen reagiert der Labrador sehr feinfühlig und rasch. Doch außer dieser taktilen Verbindung und Verständigung, ist es dem Hund möglich, sich auf die von ihm vernehmbaren Stimmungen und Gefühle einzustellen, die sich aus dem Verhalten des Blinden ergeben und auf ihn übertragen. Der Labrador zeigt sich in der Regel auch gut belastbar im Straßenverkehr mit seinem Lärm und seinen optischen Erscheinungen. Er darf als ein sehr zuverlässiger Führhund bezeichnet werden.

Neben der eigentlichen Führarbeit, die dem blinden Menschen einen Großteil der ihm verlorengegangenen Selbständigkeit und Mobilität wiedergibt, ist er zusätzlich der vielgeliebte und stets aufmunternde Begleiter und Lebensgefährte. In dieser Rolle brilliert der Labrador geradezu dank seiner ausgeprägten Anschmiegsamkeit.

Helfer der Gehbehinderten

Es hat sicher seine guten Gründe, warum die Schule »Canaine Companions for Independence« in Santa Rosa (Kalifornien) ausschließlich Labrador Retrievers zu sogenannten Service Dogs ausbildet. Entscheidend hierfür wird auch hier die Belastbarkeit dieser Rasse stehen. Denn Ausgangspunkt des Aufbaus dieser Helfer am Rollstuhl ist ein unerhört intensives Training im Gehorsam. Dies ist notwendig, weil dem an den Rollstuhl gefesselten Besitzer nur geringe Möglichkeiten offenstehen, einen Hund zu korrigieren, der sich nicht einordnet.

Kerry, die Leiterin jener Schule, ist selber an den Rollstuhl gebunden. An ihrem Beispiel wird besonders deutlich, warum der Service Dog bedingungslos zu gehorchen hat. Denn Kerry verfügt in der einen Hand nur über zwanzig Gramm Hebekraft, in der anderen Hand über vierzig Gramm. Sie ist somit nicht in der Lage, mit der Leine auf ihren *Abdul* einzuwirken. Nur wenn sie ihn mit einem kurzen Leinenstück am Rollstuhl direkt befestigt, vermag sie durch eine von ihr über die Elektronik ausgelöste scharfe Wendung dem Hund einen ordentlichen Leinendruck zu verabfolgen. Auf dem Weg zu ihrem Wagen, am Feierabend eines langen Arbeitstages, hat Kerry

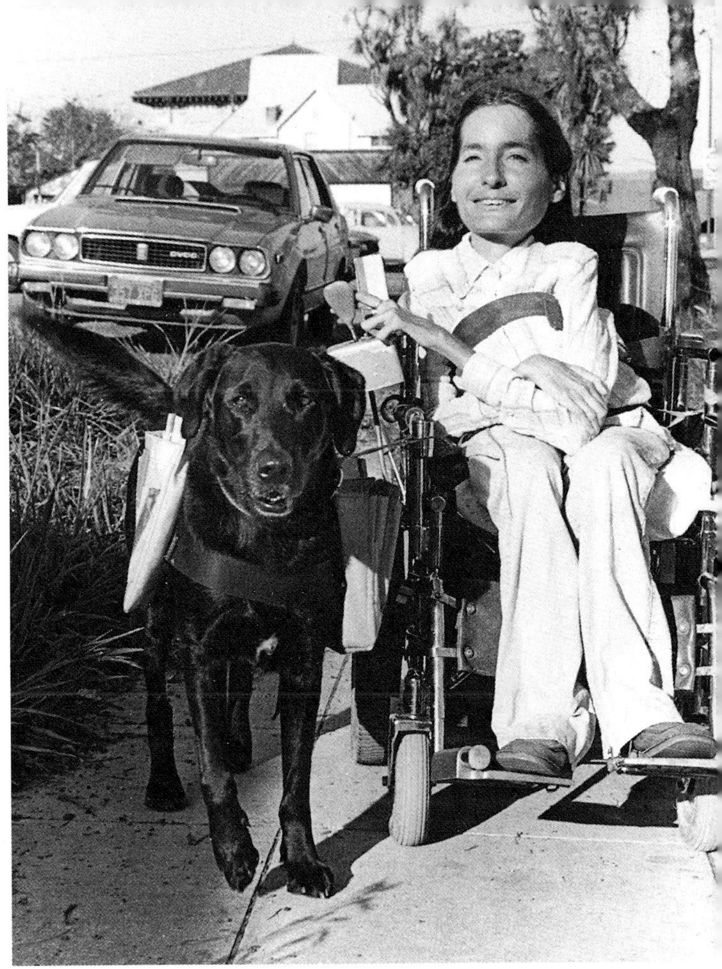

Kerry, die Leiterin der Schule »Canine Companions for Independence« in Santa Rosa (CA/USA) mit ihrem *Abdul*.

uns das vorgeführt. Abdul war vor Freude außer Rand und Band, aber nach der Einwirkung ging er ganz manierlich an Kerrys Seite. Danach ließ ihn die Meisterin freilich eine ganze Weile frei herumtollen. Er war immer noch am herumrennen, als ihn Kerry abrief, dennoch kam er rasch und korrekt herbei. Daß ein Hund bei diesem unwahrscheinlichen Appell dennoch keine Unterwürfigkeit zeigt und durchaus munter und zufrieden wirkt, kam mir

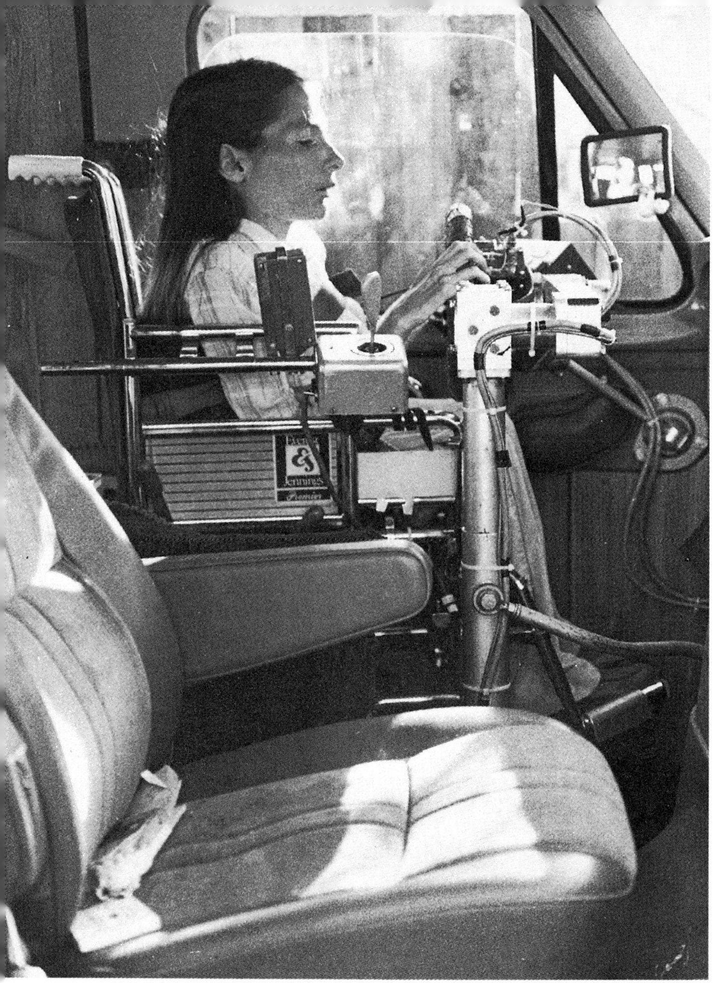

Kerry am elektronisch ausgestatteten Steuer ihres Ford-Transit.
Auf dem Beifahrersitz nimmt *Abdul* Platz und bedient die Klimaanlage.

wie ein Wunder vor. Ebenso beeindruckten mich die vielseitigen Arbeiten dieser Hunde. Nach einer Ausbildung, die etwa im Alter von drei Jahren beendet ist, vermögen sie unter anderem folgendes auszuführen:

- Bedienung der eigens dazu konstruierten Lichtschalter
- sehr exaktes Anbieten der Satteltaschen, je nach Hörzeichen der linken oder der rechten Tasche, worin sich alles befindet, das auch wir in unseren Rocktaschen und Mappen mitführen
- Aufheben von Dingen, die dem Besitzer herunterfallen, vom Bleistift über ein Aktenstück bis zum Geldbeutel oder gar zur einzelnen Münze. Diese Dinge werden in greifbarer Nähe dem Besitzer entgegengehalten.
- Öffnen und Schließen von Türen
- Herbeibringen des drahtlosen Telefons
- Auf Hörzeichen hin bei Nachbarn Hilfe holen
- Vor dem Rollstuhl Rückwärtsgehen bei engen Passagen oder Eingängen sowie zwischen den Stuhlreihen beim Besuch eines Konzertes oder einer Sportveranstaltung

Diese Liste ist nicht vollständig. *Abdul* zeigte uns noch einige Spezialitäten, als Kerry ihren Wagen – einen Ford Transit – bestieg, um nachhause zu fahren. Sie bediente elektronisch die Hebebühne, über welche sie im Rollstuhl das Fahrzeug von hinten erreichte. Oben angelangt steuerte sie den Rollstuhl in den Führerstand, wo er automatisch eingeklinkt wurde. *Abdul* hatte schon auf dem Beifahrersitzt Platz genommen. Vor ihm befanden sich drei übergroße Drehknöpfe, mit denen er auf entsprechende Signale seiner Meisterin hin die Klimaanlage bediente. In Kalifornien ist diese Einrichtung unerläßlich. Im Gegensatz zu jenen Riesenknöpfen stand das minutöse Lenkrädchen, womit Kerry ihren Wagen dann sehr schneidig wendete und mit ihm und *Abdul* davonbrauste.

Dieses Zusammenwirken von einem Behinderten Menschen mit seinem Hund hat uns tief beeindruckt. *Abdul*, jener Labrador Retriever, der seiner Besitzerin soviel Unabhängigkeit verschaffte, ist uns unvergeßlich geblieben. Was er an »Handreichungen« ausführte, und wie exakt er dies tat, grenzte wirklich ans Unglaubliche. Glücklicherweise haben wir einiges davon im Bild festgehalten und damit auch dokumentiert. Sonst würden wir im Rückblick bestimmt zu zweifeln beginnen an der Wirklichkeit dessen, was wir doch damals mit eigenen Augen gesehen hatten.

Von der Belastbarkeit des Gebrauchshundes

Wir haben bei den oben dargestellten Formen der Gebrauchshundearbeit mehrfach darauf hingewiesen, daß es unter anderem die große Belastbarkeit dieser Rasse ist, die den Labrador Retriever zu einem zuverlässigen Helfer des Menschen macht.

Nun ist auch der bestveranlagte Hund nur unter bestimmten Bedingungen in der Lage, eine Ausbildung in diesem Bereich zu verkraften und zum tüchtigen und verläßlichen Helfer zu werden.

Einmal ist eine seriöse Zucht dieser Tiere vorauszusetzen, die sich nicht nur auf die äußere Erscheinung konzentriert, sondern ebenso der charakterlichen Veranlagung die nötige Aufmerksamkeit schenkt. Ohne dies gelingt es auf lange Sicht nicht, Labrador Retriever zu produzieren, die ihrem Ruf als wesensfeste und belastbare Tier weiterhin gerecht werden.

Zum anderen müssen sich die Züchter ihrer Verantwortung für die Wesensbildung während der Aufzucht bewußt sein und entsprechende Vorkehrungen treffen. Denn bis etwa zur zwölften Lebenswoche ist der Welpe so unerhört aufnahmefähig wie später nie mehr. Man spricht von einer Prägungsphase. Das heißt, daß alles, was ein Welpe in dieser Zeitspanne erlebt sich ihm tief einprägt und ihm auch nach seiner Geschlechtsreife vertraut sein wird. Was ihm aber während dieser Lebensphase nicht begegnet, womit er nicht konfrontiert ist und das er somit auch nicht erlebt, wird ihn später immer verunsichern. Das bezieht sich auf alle jene Erscheinungen, mit denen er später beim Besitzer konfrontiert sein wird. Hat beispielsweise ein Welpe beim Züchter kaum je Kontakte zu Fremdpersonen, auch zu Kindern, wird er sich ihnen gegenüber als erwachsenes Tier stets unsicher fühlen. Je nach seiner Grundanlage wird er dann ausweichend oder aber aggressiv auf sie reagieren. Dabei macht der Labrador keine Ausnahme.

Dem Züchter obliegt somit die Aufgabe, seinen Welpen ein Umfeld zu bieten, das mit allen jenen Objekten und Geräuschen belebt ist, die sich in etwa beim späteren Besitzer ergeben werden.

Züchter, die diese Aufgabe aus Unkenntnis oder Bequemlichkeit nicht akzeptieren und ihr nicht tatkräftig gerecht werden, bringen selbst aus dieser begabten Rasse nicht jene Tiere hervor, von denen in diesem Kapitel die Rede war. Sie werden aber auch nicht Labrador Retriever hervorbringen, die als Familienhund ein vorzügliches Verhalten an den Tag legen werden, wie es ihnen bei fachgerechter Förderung im Welpenalter eigentlich möglich gewesen wäre.

Die Käufer eines Labrador-Welpen (wie jeden andern Hundes) sollten sich merken, daß jene Mängel, die sich infolge eines allzu sterilen Umfeldes während der Prägungsphase später ergeben, beim Welpen, den sie übernehmen, noch nicht in Erscheinung treten. Das geschieht erst in der Folge der Reifung zum erwachsenen Tier.

Wer sich also in dieser Beziehung vorsehen will, besucht mit Vorteil die Zuchtstätte und überzeugt sich selbst davon, ob hier die Welpen genügend Erfahrung sammeln können, um später in erwünschter Weise wesensfest und belastbar zu sein. Jeder gute Züchter wird potentielle Käufer herzlich willkommen heißen, denn ihr Besuch ist für ihn Teil jenes belebten Umfeldes, das er seinen Welpen zu bieten bestrebt ist.

Mit der Übernahme des Welpen geht jedoch die Verantwortung für die weitere Entwicklung des Labradors an den Besitzer über. Auch er muß es sich zur Aufgabe machen, das junge Tier weiterhin zu fördern. Dies gelingt ihm dann, wenn er Verständnis für die Andersartigkeit des Hundes aufbringt. Unter dieser Voraussetzung wird sich ein harmonisches Miteinander von Mensch und Hund über Jahre hinaus ergeben.

Der sieben Wochen alte Welpe hat das im Wurfzwinger aufgestellte Treppenstück aus Neugier bestiegen. Er wird Zeit seines Lebens keine Probleme mit Treppen haben, denn was er in diesem Alter lernt, bleibt ihm lebenslang vertraut.

Anhang

Wichtige Adressen:

FCI Fédération Cynologique Internationale
12, Rue Leopold II, B-6530 Thuin

Landesverbände und Nationale Rasse-Clubs:

SCHWEIZ:
SKG Schweizerische Kynologische Gesellschaft
Falkenplatz 11, CH-3012 Bern
RCS Retriever Club Schweiz
J. Joller, Bauenstraße 2, CH-6010 Kriens

DEUTSCHLAND:
VDH Verband für das Deutsche Hundewesen e.V.
Westfalendamm 174, D-4600 Dortmund
DRC Deutscher Retrieverclub e.V.
H. Gail, Frenzenstraße 142, D-5042 Erftstadt

ÖSTERREICH:
Österreichischer Kynologen-Verband
Joh.-Teufel-Gasse 8, A-1238 Wien
Verein zur Züchtung der Retrieverhunde in Österreich
Annie Golth, Hammerauerstraße 126, A-5020 Salzburg

Verzeichnis der Abkürzungen:

Kennel Club	Englischer Landesverband
Cruft's	Jährliche Ausstellung des Kennel Club
Dog-Show	Hundeausstellung
Field Trial	Englische Jagdprüfung
Sh. Ch. Show-Champion	Ausstellungschampion
Ch. Champion	Ausstellungschampion mit Arbeitsqualifikation
F. T. Ch. Field Trial Champion	Arbeitschampion
Dual-Champion	Schönheits- und Arbeitschampion
Dualpurpose	für Schönheit und Arbeit gleichwertig, Mehrzweck
CACIB	Certificat d'aptitude au championnat international de beauté
CAC	Certificat d'aptitude au championnat de beauté
CACIT	Certificat d'aptitude au championnat international de travail
CACT	Certificat d'aptitude au championnat de travail

Literatur

ABC für Hundebesitzer
Urs Ochsenbein
Müller Verlag Rüschlikon

Our Friend The Labrador
Rowland Johns
Methuen & Co. Ltd London

The Labrador Retriever
Lorna, Countess Howe
Popular Dogs, London

The Dual-purpose Labrador
Mary Roslin-Williams
Michael Joseph Ltd
Pelham Books, London

Advanced Labrador Breeding
Mary Roslin-Williams
H. F. & G. Witherby Ltd London

Legends in Labradors
Nancy Martin
Spring House, PA. USA

The New Complete Labrador Retriever
Helen Warwick
Howell Book House Inc. New York

The 1972, 1978, 1982, 1987 Labrador Book
Harald W. Clayton M. A.
H.W. Clayton, Witney, Oxon, GB

Lexikon der Genetik der Hundekrankheiten
Ekkehard Wiesner, Siegfried Willer
S. Karger, Basel München Paris London
New York Tokyo Sydney

Brevier neuzeitlicher Hundezucht
Hans Räber
Paul Haupt Bern und Stuttgart

Golden und Labrador Retriever
Hilary Vogel Patricia Busch
Verlagsgesellschaft Rudolf Müller
Köln-Braunsfeld

Fachtierärztliche Durchsicht:
PD. Dr. med. vet. P. Wild
Institut für Veterinär-Anatomie
der Universität Zürich
Winterthurer Straße 260
8057 Zürich

Photomaterial aus GB und historische Bilder:
Anne Roslin-Williams
Specialist in Dog Photography
Pear Trees, Clevelodge Lane,
Guarlford nr/Malvern, Worcs. GB

Mitgestaltung Kapitel »Erziehung«:
Urs Ochsenbein
Renggerstraße 49
8038 Zürich

36.80